HINSTORFF

Essbare Landschaften

Ein Streifzug durch Mecklenburg-Vorpommern

Thomas Immisch | Christian Langer | Angela Andresen-Schneehage

mit Beiträgen von Wolf Karge | Charly Hübner

Die Deutsche Nationalbibliothek verzeichnet diese Publikation
in der Deutschen Nationalbibliografie;
detaillierte bibliografische Daten sind im Internet
unter http://dnb.ddb.de abrufbar.

© Hinstorff Verlag GmbH, Rostock 2009
Lagerstraße 7, 18055 Rostock
Tel. 03 81/49 69 - 0
www.hinstorff.de

1. Auflage 2009

Idee und Realisation: Synchronis Konzept und Kommunikation GmbH, Hamburg
Satz und Gestaltung: Susanne Tietgens, Hamburg
Druck und Bindung: Zanardi Group s.r.l.
Printed in Italy
ISBN 978-3-356-01332-0

Hrsg.: Landesmarketing MV

Von Sinnen

Wer sich auf einen Streifzug durch die Landschaft Mecklenburg-Vorpommerns begibt, wird mit allen Sinnen Harmonie, Schönheit und Vielfalt erfahren. Küsten, Grünland, Flusstäler und der Wald bieten ihre eigenen Farben, Düfte und Geräusche. Landschaften, die verführen und verzaubern – und die Seele zum Schwingen bringen.

Essbare Landschaften – das klingt erst einmal wie ein Widerspruch in sich, und es macht neugierig, lässt ersten Assoziationen freien Lauf. Nehmen wir zunächst den Begriff Landschaft, der mittlerweile für Wortgebilde wie „Parteienlandschaft" herhalten muss. Das Gute daran: Die selbst innerhalb der Geografie umstrittene Bezeichnung Landschaft ist in ihrer aktuellen Bedeutung im Alltag angekommen. Und ist mit Inhalten verbunden wie Harmonie, Schönheit, Einheitlichkeit, Ganzheit, Eigentümlichkeit, Vielfalt. Was uns direkt zwischen Bodden und Seenplatte ins Bundesland Mecklenburg-Vorpommern führt, denn alle diese Charakterisierungen hätten mit Blick auf den Nordosten Deutschlands entstanden sein können. Wer sich die Zeit nimmt für einen Streifzug durch Mecklenburg-Vorpommern, der versteht alsbald den Begriff „naturbelassen". Natur ist hier oft so unberührt geblieben, dass sie ihre ganz ursprüngliche Kraft bewahrt hat. Sie zeigt uns ihre inneren Werte. Also unternehmen wir eine Seelen-Wanderung. Wir entdecken, dass diese Seele vielfältig Gestalt annimmt, körperlich wird, sinnlich erfahrbar. Wir können Landschaft sehen, unter schnell ziehenden Wolken, von einem dräuenden Himmel überzogen, eine Sinfonie aus Licht und Schatten.

Und wir können Landschaft hören, riechen, ertasten, schmecken. Womit wir beim zweiten Teil unseres Titels sind, der in der reinen Wortfolge im Vordergrund steht: essbar. Aus Landschaft entstehen Lebens-Mittel. Sie sind elementar. Sie sind von Wasser, Feuer, Luft und Erde. Sie brauchen Zeit, sie erfordern Muße. Sie wollen in Ruhe gelassen werden, bis sie sich sicher sind, die in ihrem Werden eingefangene Zeit wieder abgeben zu wollen. Die vielen kostbaren Stunden, Tage, Wochen, oft Jahre oder Jahrzehnte sind die Grundbedingung, um diese spezifischen Lebens-Mittel entstehen zu lassen. Eingefangen in Aromen, Farbe und Geschmack, bringen sie unsere Sinne in Aufruhr und unsere Seele zum Schwingen. Wir hören auf die kleinen Geschichten, von denen sie erzählen. Wir spüren den Wind und den Regen, die Sonne und den Boden, wir erfahren die Landschaft, das Land und das Wasser, auf dem und in dem sie entstanden sind.

Gerne lassen wir uns auf unserem Streifzug verführen und verzaubern. Vom Duft des Sanddorns oder vom Geschmack eines Müritzlamms. Tradition trifft Moderne, das Gedächtnis der Natur wird zum Leben erweckt, Produkte der Region werden nachhaltig und umwelt-

verträglich angebaut – auch noch für die kommenden Generationen. Mecklenburg-Vorpommern hat auf der Grundlage seiner heimischen Flora und Fauna eine eigenständige Genusskultur entwickelt. Mit ihren schon historisch begründeten Gegensätzen bildet diese ein Spiegelbild der traditionsreichen Kulturlandschaft. „Essbare Landschaften" stehen für die Inseln und die Ostseeküste mit Meer und Bodden, für das grüne Land mit Weiden und Wiesen, für die ausgedehnten Wälder und Felder und die kristallklaren, von blitzsauberen Flüssen gespeisten Seen. Wer durch Mecklenburg-Vorpommern streift, stößt überall auf seine typischen Erzeugnisse sowie die damit verbundenen Menschen – mit ihrer Leidenschaft für ihre Produkte, mit ihrer Philosophie und mit ihren Rezepten. Das Buch „Essbare Landschaften" ist kein kulinarischer Reise-führer, sondern eine liebevolle Betrachtung der spezifischen Aspekte der Erzeugung, Herstellung und Nutzung von Lebensmitteln in Mecklen-burg-Vorpommern. Ein schmackhaftes Menü aus interessanten Infor-mationen und unterhaltsamen Geschichten.

Für die essbaren Landschaften gönnen wir uns einen der letzten Luxusartikel unserer Zeit, die Muße. Die Gabe, sein eigener Herr zu sein, sich die Freiheit zu nehmen, über die eigene Zeit selbst zu bestimmen. Sich von den Zwängen der alltäglichen Taktung zu emanzipieren.

Jeder von uns kennt diese kostbaren Momente. Dichter haben sie beschrieben, Maler ins Bild gesetzt, Musiker vertont. Sie haben uns teil-haben lassen, sie haben uns inspiriert. Und doch hat jeder von uns sei-nen Maßstab des Genießens. Das Wo, das Wann und das Wie, vielleicht auch das „Mit wem?" entscheidet sich immer aufgrund unserer eigenen Wünsche und Vorstellungen.

Das Warum kennt viele Antworten. Wenn wir mit einem englischen Freund über Genuss sprechen, kommen wir schnell auf *luxury*, auf Verknappung, auf das Gefühl, das entsteht, weil wir das Bewusstsein haben dürfen, zu den wenigen Auserwählten zu gehören, die etwas Rares erleben. Kommen wir mit unseren gallischen Nachbarn ins Gespräch, sind wir *tout de suite* bei *stimulant* oder *excitant*, wir debattieren die Sucht, die im Genuss liegt, das Anregende, das Ausschweifende. *Honi soit qui mal y pense.* Ein Schelm, der Böses dabei denkt. Und wir Deutsche!? Wir müssen unseren europäischen Nachbarn das merkwürdige Wort „Genussmittel" erklären, müssen erläutern, warum sich der Genuss bei uns einerseits auf das Genießen, das nicht Notwendige, aber umso Angenehmere bezieht; und warum andererseits Genuss bei uns oft eine sehr ernste Angelegenheit ist. Auch für den Genuss gibt es Regeln, das Wann, das Wo, das Wie-weit setzt Grenzen. Den stillen Genießer gibt es als deutsche Spezialität. Und doch, auch der Teutone häutet sich, streift ab, lässt liegen und außer Acht. Jahrzehnte der überraschenden Nachbarschaft mit anderen Kulturen, fern von Schrebergärten und Sparclubs, mit barock anmutenden Ritualen, duftend und dampfend, gewürzt mit den in Fotoalben geklebten Erfahrungen bei fremden Völkern, Brüdern und Schwestern in einem neuen Geist. Auf unserem Streifzug durch die essbaren Landschaften folgen wir gedank-lich Seneca: Es ist nicht wenig Zeit, die wir zur Verfügung haben, sondern es ist viel Zeit, die wir nicht nutzen. Also nutzen wir unsere Zeit für das Genießen! Genuss hat so viele Dimensionen und immer einen gemeinsamen Nenner: Vom ersten Schrei an sind wir Menschen Genießer, geboren mit der besonderen Gabe, sich einem Augenblick hinzugeben, mit der Welt um uns herum eins zu werden. Der Säugling an der Mutterbrust? Genuss pur! Wenn wir diese Fähigkeit verlieren, werden wir, für uns und für andere, im wahrsten Sinn des Wortes: ungenießbar. Daher halten wir es mit Winston Churchill: „Man soll dem Leib etwas Gutes bieten, damit die Seele Lust hat, darin zu wohnen!"

„Essbare Landschaften" haben wir unser Buch genannt. Wir haben uns die Zeit genommen, das Essbare in der Landschaft und aus der Landschaft mit Worten zu beschreiben und ins Bild zu setzen. Die Herkunft, die Zukunft; die Macher und ihre Magie, die stellvertretend stehen für eine besondere Gabe in diesem Land, sich bewusst und nachhaltig um die Wert-Schöpfung ihrer Heimat zu kümmern. Wir haben Geschichten aufgespürt und Geschichte gelesen. Wir sind den Fährten in Mecklenburg-Vorpommern gefolgt, wir sind unserem Geschmack gefolgt, unseren Leidenschaften. Wir haben uns neu verliebt und alte Lieben wieder entdeckt. Und vor allem: Wir haben unsere Entdeckungstour mit allen Sinnen genossen. Wir wollen Sie anstiften, sich auch Zeit zu nehmen, für dieses Buch – und für Ihren ganz eigenen Streifzug durch die essbaren Landschaften. Kommen Sie beseelt zurück.

Ein Geschenk der Eiszeit

Weite Strände, hohe Steilküsten und flache Bodden: Als vor etwa
13.000 Jahren die riesigen Gletschermassen der Weichseleiszeit schmolzen,
hinterließen sie die heutige Ostsee und ihre Küsten. 1.943 Kilometer davon
liegen in Mecklenburg-Vorpommern. Hier sind im Laufe der Geschichte
ganz typische Kulturlandschaften entstanden, für deren Erhaltung sich
engagierte Landwirte und Naturschützer einsetzen.

Mit festem Tritt ins sumpfige Gelände: Wasserbüffel beteiligen sich im Nationalpark
Vorpommersche Boddenlandschaft am Erhalt dieser einzigartigen Küste.

Kühlungsborn ❶

Darß ❷

Rügen ❹

Usedom ❸

Der Schatz im Achterwasser

Die Fischer an der pommerschen Ostseeküste legen ihre Netze nach einem besonderen Leckerbissen aus. Der Schnäpel, auch als Steinlachs bekannt, hat es über das Land Mecklenburg-Vorpommern hinaus auf die Speisekarten der Edelgastronomie geschafft. Dass es ihn überhaupt wieder gibt, ist ein Paradebeispiel für engagierten Naturschutz.

Das Fischerboot, mit dem Eddy Stoll den Besucher an diesem grauen Novembermorgen aufs Usedomer Achterwasser hinausfährt, erinnert an die sprichwörtliche Nussschale. Es ist offen, und je weiter wir uns vom Ufer entfernen, desto kleiner kommt es einem vor. Und es ist eigentlich überall nass auf der „BAN 7", auch wenn die tiefe Bucht des Gewässers, die weit in das hügelige Inselland einschneidet, sich heute von ihrer besten, also ruhigen Seite zeigt.

Eddy Stoll ist einer der letzten Berufsfischer auf Usedom. Das Wetter ist für einen Fischer natürlich immer ein Thema. „Ruhig heute", stellt Eddy Stoll fest, und das ist nach der kurzen Begrüßung das Erste, was er sagt. Fischer sind meist alleine auf ihren Booten, da wird nicht viel geredet. „Ja, das kann auch ganz anders sein", bestätigt er die Frage des Gastes. „Bei richtigem Sturm aus nördlichen Richtungen weht es die See hier übers Land." Dann zeigt die Ostsee, dass sie ein Meer ist, und Achterwasser, Peenestrom und Stettiner Haff, die sich hier bei Usedom vereinen, machen unübersehbar, dass sie halb Flusslauf und halb Meeresarm sind.

An diesem Morgen ist Eddy Stoll auf ganz besondere Beute aus. Er ist hinter dem Schnäpel her, dem alten und wieder sehr neuen Star der Sterneköche. „Der Schnäpel ist jetzt unser wichtigster Fisch, wir

können gar nicht genug davon fangen", erklärt Stoll. „Die Hotels und Restaurants auf Usedom und entlang der Küste haben ihn alle auf den Karten, und inzwischen wird er auch immer öfter aus dem Binnenland angefragt." So weit, so gut. Doch natürlich weiß der Fischer, dass es nicht unbegrenzte Mengen Schnäpel zu fangen gibt, schließlich stand der wertvolle Fisch noch um das Jahr 1990 kurz vor dem Aussterben.

Der Schnäpel gehört zu den Salmoniden und ist damit ein Verwandter des Lachses. Für ihn ist die Küstenlandschaft rund um Usedom ideal. Auf der einen Seite der Insel das offene Meer, in dem der bis zu einem Meter lange Fisch den Sommer in größeren kalten Tiefen verbringt, auf der anderen Seite die brackigen schnellen Gewässer von Achterwasser, Peenestrom und Stettiner Haff, wo der Schnäpel in den Wintermonaten seinen Laich an den steinigen Grund klebt. Im Frühjahr zieht er dann wieder ab. Nur von November bis Februar lohnt es sich für den Fischer, seine Netze gezielt zum Schnäpelfang auszulegen. Im Sommer gehen Eddy Stoll draußen auf der Ostsee nur vereinzelte Exemplare ins Netz.

Usedom und seine Umgebung, deren reizvolle Landschaft von Hügeln, Binnenseen und tiefen Wäldern geprägt wird, sind wie die gesamte Ostseeküste Mecklenburg-Vorpommerns mit ihren Inseln und Boddengewässern „Kinder" der letzten Eiszeit. Diese hat vor etwa 13.000 Jahren

Der große Mann und das Meer: Usedoms Fischer Eddy Stoll fährt bei jedem Wetter aufs Meer hinaus.

an der Stirn des schmelzenden skandinavischen Eises den Endmoränen-bogen geformt, der einen Gutteil Usedoms ausmacht und sich auch auf der polnischen Nachbarinsel Wolin aus dem Wasser hebt.

Usedom wirkt bis auf den Küstenstreifen mit den berühmten Kaiser-bädern Heringsdorf, Bansin und Ahlbeck und einer ganzen Reihe wei-terer Badeorte durchaus naturbelassen. Das erste Naturschutzgebiet wurde bereits 1925 ausgewiesen. Heute ist die gesamte Insel als „Natur-park" geschützt. So soll die einmalige Kulturlandschaft erhalten werden, die hier in den vergangenen Jahrhunderten als Zusammenspiel von Mensch und Meer entstanden ist.

Eddy Stoll ist Fischer. Er kennt die Geschichte des Schnäpels, die bei-spielhaft für das verheerende Einwirken des Menschen auf die Natur steht – und für seine Fähigkeit, die Wunden auch wieder zu heilen.

Wie der Hering war der Schnäpel früher in großen Beständen in der Ostsee zu Hause. Und wie der Hering galt er in Pommern damals als „Arme-Leute-Fisch". Das änderte sich über Nacht, als Auguste Escoffier, der Schöpfer der modernen französischen Haute Cuisine, den *lavaret*, so der französische Name des Schnäpels, 1903 in seinem grundlegenden Werk „Guide culinaire" erwähnte. Jetzt fand der Fisch mit dem fettarmen weißen Fleisch seinen Platz in den Feinschmeckerrestaurants Europas und wurde vor allem in den zwanziger und dreißiger Jahren des 20. Jahrhunderts unter dem Namen Steinlachs zum Modefisch von Adel und gehobenem Bürgertum. Selbst Kaiser Wilhelm II. äußerte sich lobend über den Geschmack – wie viele Jahrzehnte später auch dessen entfernter Verwandter Prinz Charles.

Spätestens nach dem Krieg ging es für den Schnäpel aber zunächst einmal deutlich abwärts. In der Küstenfischerei zu DDR-Zeiten fand er kaum Verwendung. Und nicht einmal die Fischer konnten würdigen, was ihnen da gelegentlich als Beifang ins Netz ging. „Manche Kollegen haben die Schnäpel an ihre Katzen verfüttert", erinnert sich Stoll, „die wussten einfach nichts damit anzufangen. Aber viel davon haben wir ja ohnehin nicht mehr gefangen." Kein Wunder: Der Schnäpel war zum seltenen Fisch geworden. In den achtziger und neunziger Jahren des 20. Jahrhunderts drohte die Ostsee zur europäischen Kloake zu werden. Zunehmende Industrieeinleitungen in die Flüsse, vermehrte Überdüngung von Flüssen und Meer durch die Ausschwemmungen der Landwirtschaft und wachsende Übersäuerung durch die vom Abgas gesättigten Regenfälle bei Westwind stellten im Mare Balticum die Uhr auf Ruhr.

Der Schnäpel reagierte ausgesprochen empfindlich auf die Verschmutzung seiner nassen Heimat. 1970 gingen den Fischern im heutigen Vorpommern jährlich noch rund 40 Tonnen in die Netze. 1990 war mit einer Tonne Fangmenge der Tiefststand erreicht. Der Schnäpel war praktisch ausgestorben. Doch dann gelang engagierten Naturschützern und Fischern mit Unterstützung der Landespolitik von Mecklenburg-Vorpommern die Wende. In einem einmalig erfolgreichen Zuchtprogramm wurde der Bestand des Ostseeschnäpels aufgepäppelt.

Der Verein Fisch und Umwelt in Rostock nahm sich mit diesem *sea ranching* des Fisches an, das Landwirtschaftsministerium Mecklenburg-Vorpommern leistete tatkräftige Unterstützung, und die EU stellte die erforderlichen Mittel bereit. Im Jabeler See im Müritzkreis werden die Jungfische unter Laborbedingungen aufgezogen. Norbert Schulz vom Verein Fisch und Umwelt e.V. in Rostock gilt als „Vater" der heute lebenden Ostsee-Schnäpel. Seit 1992 arbeitet der Diplombiologe daran, den Bestand wiederaufzubauen. Dazu nimmt man geschlechtsreifen Schnäpeln, die die Usedomer Fischer liefern, die Milch und den Rogen ab. Die befruchteten Eier werden in speziellen Behältnissen, den so genannten Zugergläsern, ausgebrütet. Die Larven kommen im Jabeler

Schnäpel à la Heike für Eddy: So mag der Fischer den Steinlachs am liebsten.

See in einen beleuchteten Netzkäfig. Das Licht lockt das Zooplankton an, von dem sich die Fischlarven ernähren. Diese besondere Art der Mast wirkt: Innerhalb von nur drei Monaten werden aus den nur Millimeter großen Larven drei bis fünf Zentimeter lange Jungfische. Jedes Jahr im Mai setzt man die Besatzfische im Saaler Bodden, Peenestrom, Kleinem und Großem Haff aus. „Sie sind kräftiger als ihre normal herangewachsenen Artgenossen und haben damit nach dem Aussetzen bessere Überlebenschancen. So wächst die Population trotz der wiederaufgenommenen Befischung von Jahr zu Jahr", sagt Schulz und merkt an, dass die wiedergewonnene Wasserqualität der Ostsee vor der Küste Mecklenburg-Vorpommerns ebenfalls zur Rettung der Art beigetragen habe. Seit 1999 wird der Schnäpel wieder kommerziell gefischt. Die Fangmengen haben sich zwischen 30 und 40 Tonnen pro Jahr eingepegelt. „Immer noch zu wenig", wenn es nach Eddy Stoll geht. Denn der Fisch ist in den vergangenen Jahren wieder zur beliebten Delikatesse geworden.

„Er ist würzig und aromatisch, vor allem nicht zu weich, sondern kommt vom Biss her an einen Atlantikfisch heran." Sascha Fehrenbach, Sterne-Koch im Gutshaus Stolpe bei Anklam, schwärmt ebenso vom Steinlachs wie viele seiner ausgezeichneten Kollegen. Natürlich arbeiten die Spitzenköche das delikate Fischfleisch in ihre komplizierten Geschmackskompositionen ein. Der eine serviert ihn als eigene Spezialität im Mantel aus Reibekuchen, ein anderer bietet ihn filetiert und mit „schwarzen Nüssen" an, unreif gepflückten und eingelegten Walnüssen, und ein dritter Küchenchef schwört auf Carpaccio vom rohen Schnäpel mit Kokosmilch und gibt dazu „Pommerschen Kaviar" auf die Teller, den hellrosa schimmernden Rogen des Edelfisches.

Doch Eddy Stoll isst „seinen" Schnäpel am liebsten so, wie ihn seine Frau Heike zubereitet. Die erklärt das Rezept so: „Der ganz frisch gefangene Fisch wird ausgenommen und küchenfertig geputzt. Das macht meist mein Mann für mich. Dann setze ich einen Sud auf, der mit Zwiebelringen, Piment und Lorbeer gewürzt wird. Darin zieht der Fisch ungefähr zehn Minuten lang. Das reicht. Der Sud wird mit Butter und Mehl gebunden, die helle Soße dann mit reichlich Petersilie gewürzt. Die Soße kommt über den Fisch und die Salzkartoffeln, die es dazu bei uns gibt." – „Das schmeckt", stellt Eddy Stoll auf seine kurze Art fest. Recht hat er.

Verwurzelt im Norden

Schauspieler sind viel unterwegs. Das bringt der Beruf halt mit sich. Ein Dreh im Norden, ein Engagement im Süden. Bei mir ist es nicht anders. Da geht's von Filmaufnahmen in Berlin zum Set in Köln oder Leipzig, dann für eine Bühnenrolle nach Zürich. Zwischendurch bleiben vielleicht ein paar Tage fürs Zuhause in meiner Wahlheimat Hamburg. Ein Tingelleben. Ein schönes Leben. So habe ich es mir ausgesucht und so ist es gut. Doch je mehr ich mich in der Weltgeschichte herumtreibe, umso deutlicher begreife ich, was sich hinter einem Ausdruck wie „Heimatgefühl" verbirgt. Und muss feststellen: Ich bin und bleibe ein Kind des Landes. In Mecklenburg-Vorpommern liegen nun mal meine Wurzeln. Oder vielleicht sollte ich besser sagen: meine Kartoffeln. Schließlich geht's in diesem Buch ja um essbare Landschaften. Und wirklich geerdet kann man sich schließlich nur fühlen, wo man gerne is(s)t.

Geboren bin ich in Neustrelitz, aufgewachsen in der wunderbaren Feldberger Seenplatte im berühmten Fallada-Dorf Carwitz. Zwischen den vielen Seen inmitten einer oft bizarr wirkenden Moränenlandschaft bin ich groß geworden. Hier stand nicht nur meine sprichwörtliche Wiege, sondern natürlich auch der Esstisch der Familie. Auf dem dampften zu den meisten Mahlzeiten: Kartoffeln! Am liebsten in Begleitung von Buttergemüse, Erbsen und Wurzeln oder auch Spargel, wenn die Zeit dafür war.

Und am Sonntag – ganz klassisch – kam ein Braten auf den Tisch. Vom Rind oder Schwein, gerne auch mal Rouladen. Gebratene Leber

Charly Hübner, Jahrgang 1972, ist als Schauspieler aus deutschsprachigen Film-, Fernseh- und Theaterproduktionen nicht mehr wegzudenken. Seine Karriere begann der sympathische Mime in seiner Heimat am Landestheater Neustrelitz. Zunächst war er nach seiner Schauspielausbildung ausschließlich am Theater zu sehen, u.a. in Frankfurt am Main und Berlin. Mit der Komödie „Männer wie wir" feierte er 2004 sein Kinodebüt, war mit Anke Engelke in der TV-Comedyserie „Ladykracher" erfolgreich und im Kino unter anderem im Oscar-prämierten Stasi-Drama „Das Leben der Anderen" zu sehen. Jetzt führt ihn eine neue Rolle wieder ins heimatliche Mecklenburg-Vorpommern: Im Gespann mit Anneke Kim Sarnau ermittelt er künftig als Polizist Alexander Bukow für den „Polizeiruf 110" in Rostock.

Wer hier groß wird, weiß: MV tut gut!

mit Püree gehört genauso zu meinen kulinarischen Erinnerungen an Kindheit und Jugend wie geschmorte Nierchen in Gurken. Reißt mich heute nicht mehr vom Hocker, der Heißhunger darauf hält sich in Grenzen, in den siebziger Jahren allerdings hat's geschmeckt und war typisch für den Hübnerschen Speiseplan. Aber ist das auch typisch für die mecklenburg-vorpommersche Küche? Oder sind es doch eher die kilometerlangen Küsten, die mit ihrem Reichtum an Meeresgetier dem Geschmack des Landes ihren Stempel aufdrücken? Ich habe hier an der Ostsee gelernt, den Fisch zu schätzen. Hiddensee war für mich nämlich zu einer Art zweiten Heimat geworden, weil meine Familie ein- bis zweimal im Jahr die Ferien hier verbrachte. Eingelegten Hering oder Räucherfisch mochte ich als kleiner Junge zuerst überhaupt nicht, aber meine Geschmacksnerven haben sich entwickelt. Inzwischen kann ich mir meine Ernährung ohne eine leichte Fischküche gar nicht mehr vorstellen. Ebenso verfallen bin ich heute der Pasta und allen asiatischen Genüssen. Aber merkwürdig: Wenn ich meine alte Heimat besuche, dann überfällt mich nicht nur eine ganz tiefe Ruhe angesichts der wunderbaren weiten und ursprünglichen Landschaften, dann sucht mich auch wieder der Appetit auf Deftiges heim. Verwurzelt und geerdet ist man anscheinend auch mit dem Gaumen.

Den Büffel zum Gärtner

Saftige Weiden im gesamten Land machen Mecklenburg-Vorpommern zu einem ausgezeichneten Standort für die Zucht von Schafen, Ziegen und Rindern. Ganz spezielle Aufgaben gibt es für die Vierbeiner allerdings an der Boddenküste, sie sind Landschaftspfleger auf großem Fuß.

Bekanntlich sind sie ja in Indien zuhause, in Thailand oder Kambodscha: die Wasserbüffel. Doch diese Wiederkäuer aus der Familie der Hornträger fühlen sich auch im mecklenburg-vorpommerschen Ostseeklima sichtlich wohl. Rund 30 Exemplare der schwarzbraunen Tiere haben vor kurzem auf der Halbinsel Fischland-Darß-Zingst ihre neue Heimat gefunden. Hier sind die freundlichen Asiaten im Einsatz für das Gut Darß, einen der größten Direkterzeuger für Bio-Fleisch im Lande. Mit ihrem fettarmen und eiweißreichen Fleisch liefern sie eine wertvolle und gefragte Ergänzung für das Sortiment des zum Gut gehörenden Hofladens. Die Hauptaufgabe der stämmigen Vierbeiner ist jedoch eine ganz andere: Sie tragen zum Schutz der einmaligen vorpommerschen Boddenlandschaft bei. Die Bio-Bauern vom Darß haben den Büffel zum Gärtner gemacht!

Wenn seine Herde in die Binsen geht, dann freut das den Landwirt Dirk Daetz, gemeinsam mit Marc Fiege Geschäftsführer vom Gut Darß: „Die Büffel sollen uns Binsen und Schilf kurz halten, dort, wo wir aufgrund des weichen Untergrundes keine Maschinen einsetzen können und selbst unsere Schafherden nicht mehr weiden wollen."

Dank ihrer weit gespreizten Klauen finden die Wasserbüffel auch auf dem sehr feuchten, sumpfigen Weideland sicheren Halt. Darüber hinaus sind sie anspruchslos und widerstandsfähig; die Paarhufer begnügen sich mit einfachem, grobem Futter und erweisen sich als unempfindlich gegenüber Krankheiten und Witterungseinflüssen. Dass die asiatischen „Wanderarbeiter" sich in ihrer neuen Heimat gut eingelebt haben, beweist der Nachwuchs, der sich schnell einstellte und jetzt quicklebendig über die Boddenlandschaft tollt. Grund zur Freude bei den Viehzüchtern; denn schließlich soll die Population auf dem Darß noch wachsen.

Die kleine Wasserbüffelherde zählt zu den Stars auf dem Darß. Doch auch, wenn die exotischen Tiere es dank einiger Presseberichte und

Fernsehauftritte schon zu überregionaler Prominenz gebracht haben: Sie bleiben nur eine kleine Minderheit unter den Bewohnern des Gutes. Mit ihnen leben hier insgesamt fast 4.500 Rinder auf einer ebenso viele Hektar großen landwirtschaftlichen Nutzfläche, die sich zur Hälfte in einer der wenigen unberührten Großlandschaften Europas befindet, dem „Nationalpark Vorpommersche Boddenlandschaft". Ebenso wie ihre zugereisten Kollegen sorgen auch die einheimischen Herden dafür, die hiesige Küste in ihrer typischen Form zu erhalten. Durch das regelmäßige Abweiden bleiben die Salzgraslandflächen erhalten, die als ideale Brutgebiete für seltene Watvogelarten dienen. Dafür schicken die Betreiber des Gutes Darß in jedem Jahr sogar eine „Reisegruppe" von 300 Kühen in die Sommerfrische auf die menschenleere Insel Kirr im Barther Bodden.

Mit einem Lastkahn werden die Tiere verschifft; keine luxuriöse Kreuzfahrt, doch nach dem Anlanden winkt ein viermonatiger viehischer Schlemmeraufenthalt auf würzigen Weiden. Daetz und Fiege schlagen so zwei Fliegen mit einer Klappe: „Neben unserem Hauptziel, hochwertiges und geschmackvolles Rindfleisch zu produzieren, ist es auch gelungen, die überflutungs- und weideabhängigen Salzgraslandstandorte zu erhalten."

Noch mehr tierisches Personal für die Landschaftspflege steht mit den 3.000 auf dem Gut weidenden Schafen zur Verfügung: Die gefräßigen Herdentiere eignen sich bestens für die natürliche Pflege der Boddendeiche und bieten – so ganz nebenbei – großen wie kleinen Ostseeurlaubern das Bild friedlicher Idylle. Tourismus, Landwirtschaft und Naturschutz – auf dem Darß gehört eben alles zusammen.

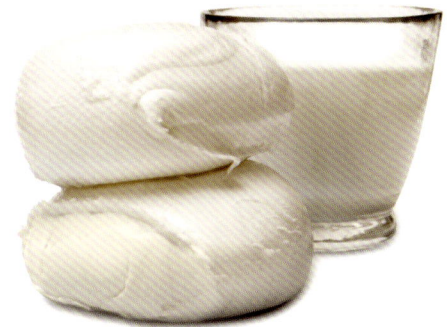

Gesunde Büffelei Ihre Domestizierung begann bereits 3.000 Jahre vor unserer Zeitrechnung, heute sind Wasserbüffel von den Flusstälern Brasiliens bis zu den Feuchtgebieten Vietnams anzutreffen. Und jetzt erobern sie auch vom Darß aus die Speisepläne deutscher Feinschmecker. Aus gutem Grund. Ihr Horn ist kräftig, doch das Fleisch ist zart. Zumindest bei den jungen Tieren. Da unterscheidet es sich auf der Zunge kaum von Rindfleisch. Bei älteren Tieren werden die Fasern gröber, der Geschmack wird wildaromatisch. Büffelfleisch ist eiweiß- und vitaminreich, gleichzeitig äußerst fettarm, und im Vergleich zu Rindfleisch weist es einen deutlich niedrigeren Cholesteringehalt auf.

Auch die Büffelmilch hat es in sich: Mit einem doppelt so hohen Fettgehalt wie Kuhmilch ist sie köstliches Ausgangsprodukt für den aromatischen Büffel-Mozzarella. Und selbst von Kuhmilchallergikern wird sie im Allgemeinen problemlos vertragen.

Der Mythos lebt

Geschichten von Vertreibung, Enteignung und Rückkehr nach der Wende sind mit vielen Gutshäusern und Schlössern in Mecklenburg-Vorpommern verbunden. Nicht selten waren es Angehörige des Adels, die den Familienbesitz zurückgekauft und daraus Neues aufgebaut haben. Im Gutshaus Stellshagen wurde beispielsweise ganz bürgerlich ein Mythos zum Leben erweckt.

Hier, im Gutshaus Stellshagen, mitten im Klützer Winkel in Nordwestmecklenburg, lässt sich deutsche Vor- und Nachkriegsgeschichte lesen wie die Jahresringe im Holz der umliegenden Wälder.

1924 errichtete der Hamburger Architekt und Bauunternehmer Franz Bach das Gutshaus Stellshagen in seiner bis heute weitgehend erhaltenen Form. Bewirtschaftet wurden die 130 Hektar Ländereien von seinem Sohn, dem Landwirt Franz Bach junior, der sich als ausgesprochen sozial denkender Gutsherr erwies. Doch 1945 begann eine Geschichte, wie sie sich nur in Deutschland abspielen konnte. Unmittelbar nach Kriegsende wurde der Gutsbesitzer durch die Bodenreform enteignet, das Gutshaus in eine Kreisparteischule der SED, später in eine Sonderschule umgewandelt. Seit 1994 stand das Gebäude leer.

Bis die Wende nach der Wende kam und 1994 schließlich Gertrud Cordes das Anwesen von der Treuhand erwarb. Sie ist die Enkelin von Franz Bach junior. Und so schloss sich der Kreis dieser deutschen Geschichte. „Wir sind mit dem Mythos Stellshagen groß geworden. Die Vertreibung war ein Familientrauma. Das hing wie eine große Tragik in der Luft", erinnert sich die nach der Flucht im Westen geborene Gertrud Cordes. Es sei wie eine „magnetische Anziehung" gewesen. „Ich musste das machen, das ging gar nicht anders." Gertrud Cordes erhielt im Bieterverfahren der Treuhand den Zuschlag. Nicht etwa, weil sie die Enkelin von Franz Bach ist. Sie legte mit der Idee, hier ein Bio- und Gesundheitshotel zu führen, einfach das schlüssigste Nutzungskonzept vor. Im Juli 1996 wurde nach umfangreichen Renovierungsarbeiten das Hotel Gutshaus Stellshagen eröffnet. Die Mutter wohnt zeitweise mit im Gebäude – in ihrem ehemaligen Mädchenzimmer. Im Jahr 2007 erhielt Stellshagen als erstes Haus in Mecklenburg-Vorpommern die Zertifizierung als Bio-Hotel. Ein eindeutiges Zeichen für die Gäste, dass ihnen hier ausschließlich Produkte aus ökologischem Anbau serviert werden. Und eine Anerkennung für Gertrud Cordes, die in den Anfangsjahren des Hotels noch als „Öko-Spinner" belächelt wurde.

Genau wie das Gutshaus Stellshagen haben sich viele Betriebe in Mecklenburg-Vorpommern der Bio-Bewegung angeschlossen. Landesweit sind bereits zehn Prozent der landwirtschaftlichen Fläche in ökologischer Nutzung. Und das Interesse, nachhaltig zu wirtschaften, steigt weiter. So wie Ute Siegmann, Assistentin von Gertrud Cordes, das „Modell Stellshagen" erklärt, sehen es viele Anbieter der Region: „Eine umweltschonende und -schützende Lebensweise ist der Grundpfeiler des Konzepts. Wir sind uns unserer Verantwortung gegenüber Umwelt und Kultur bewusst und bieten ökologisch vertretbare Produkte an."

Knollenland „Morgens rund, mittags gestampft, abends in Scheiben, dabei soll's bleiben – das ist gesund", sang bereits Dichterfürst Johann Wolfgang von Goethe ein Loblied auf die Kartoffel. Ein Vers, dem besonders in Mecklenburg-Vorpommern viele Menschen zustimmen werden, denn das Land ist auf ganz besondere Weise auch Kartoffelland. Erdäpfel, Tüffeln, Tüften oder Kartüffeln, so die wechselnden Bezeichnungen der Knolle, spielen in der Küche des Landes eine ganz besondere Rolle. Sie sind meist weiß, mehlig, zeichnen sich durch eine herbe Süße aus und zergehen auf der Zunge. Sie schmecken zu Speckstippe, Pökelfleisch, Schinkenbraten oder Kochfisch mit Petersilien-soße und als deftige Kartoffelsuppe. Sowie in hunderten weiteren Rezepturen und Zubereitungen.

In Tribsees im Trebeltal wurde der Knolle sogar ein Museum gewidmet. Die dicksten und originellsten Kartoffeln sind zu sehen, und viele Schautafeln und Ausstellungsstücke informieren rund um die tolle Knolle. Die Besucher erfahren Neues über Kartoffelzucht und Schädlinge sowie die verschiedenen Produkte, die letztendlich aus Kartoffeln hergestellt werden.

Rund und gelb und gut

Es liegt wohl in der Natur Mecklenburg-Vorpommerns: Der ökologische Landbau hat sich zwischen Schaalsee und Stettiner Haff, von der Müritzlandschaft bis zum Kap Arkona durchgesetzt. Weit über 600 Betriebe produzieren „à la bio". Auch der Käse vom Hofgut Bisdamitz auf Rügen darf das Bioland-Label tragen.

Sie heißen „Kleiner Störtebeker", Stubnitzer oder Boddenkäse: die hochwertigen Erzeugnisse aus der Käserei des Hofgutes Bisdamitz. Was hier gefertigt wird, entsteht noch in traditioneller handwerklicher Qualität. Kuh- oder Schafmilch kommen hinein; Konservierungsmittel, Farbstoffe und Geschmacksverstärker müssen draußen bleiben. Denn mit

dem Bisdamitzer Käse haben die qualifizierten Fachkräfte des Insel-Gutes in Lohme auf Rügen ein Spitzenprodukt entwickelt, das diesen Namen auch zu Recht tragen soll.

Die 60 rotbunten Kühe und 150 Milchschafe weiden auf den saftigen Wiesen im direkten Umfeld des Hofes an der Nordküste der Halbinsel Jasmund. Hier, innerhalb der kuppigen Endmoränenlandschaft, produzieren sie den wertvollen Grundstoff der Bisdamitzer Käsespezialitäten: ihre Milch.

Gemolken wird zweimal am Tag. Dann fließt der weiße Strom aus den Melkanlagen durch eine kurze Pipeline direkt in die Käserei. Roh oder schonend erhitzt, entstehen hier die über die Inselgrenzen hinaus beliebten Weich- und Schnittkäsesorten, Frischkäse und Quark. Der Produktionsablauf ist klassisch: In doppelwandigen und mit Heißwasser beheizten Käsefertigern wird die Milch gesäuert und mit Naturlab versetzt. Jetzt darf sie erst einmal dick werden. Damit die so entstandene Gallerte die Molke absondern kann, wird sie zerschnitten und – je nach Sorte – entweder mit Wasser gewaschen oder nachgewärmt. Abgefüllt

In Ruhe gereift: Käse vom Hofgut Bisdamitz auf Rügen darf sich Zeit lassen, seinen Geschmack voll zu entfalten. Aus Kuh- oder Schafmilch gewonnen, schmeckt er nicht nur den Insulanern, sondern vor allem auch den zahlreichen Gästen der Insel.

in fein perforierte Formen, kann dieser Rohbruch zu einem Käsekörper zusammenwachsen. Durch mehrfaches Wenden über einige Stunden erhält der Käselaib seine feste Form. Doch fertig ist er noch lange nicht. Bevor das gute Stück als Leckerbissen beim Käsefan landet, gilt es zu reifen. Zwei bis acht Wochen – je nach Rezeptur – dauert der Prozess, bei dem kundige und liebevolle Hände eine tägliche Käsepflegeprozedur vornehmen müssen. Dann erst dürfen die schönen Laibe sich in den Auslagen des Hofladens präsentieren.

Dass es diesen köstlichen Käse hier und heute überhaupt gibt, ist keine Selbstverständlichkeit und nur der Ausdauer engagierter Bürger zu verdanken. Nach der politischen Wende wäre aus dem jahrhunderte- alten Hofgut nämlich um ein Haar ein Hotel geworden. Dank der Gründung des Fördervereins Kirchgut Bisdamitz e.V. wurde ein solcher Betrieb verhindert und das Hofgut einer ökologischen Nutzung zuge- führt. Die Landwirtschaft war gerettet! Grünes Licht für Ackerbau und Viehzucht und Milchprodukte. Zum Glück für die Feinschmecker. Alles andere wäre doch Käse …!

Langsam auf den Geschmack kommen

Weite und Erhabenheit der mecklenburg-vorpommerschen Landschaften tragen wie von selbst zu einer Entschleunigung des Alltags bei. Die internationale „Slow Food"-Bewegung will die Geschwindigkeit aus dem Essen nehmen. Und das kleine „Convivium" auf Rügen hilft Genießern dabei, die Bremse zu ziehen.

Genuss hat eine Lobby! Die Slow-Food-Vereinigung, 1986 als Antwort auf die rasante Ausbreitung des Fast Foods gegründet, fördert die Geschmackssensibilität, stellt die Verbindung zwischen Ethik und Genuss her und möchte dem Essen seine kulturelle Würde zurückgeben. „Convivien" nennen sich die kleinen regionalen Anlaufstellen, die es heute weltweit in mehr als 100 Staaten gibt. Deren Mitglieder fördern vor Ort eine nachhaltige Landwirtschaft, artgerechte Viehzucht, traditionelles Lebensmittelhandwerk und die Erhaltung der regionalen Geschmacksvielfalt. Ein solches Convivium gibt es auch auf der sonnenverwöhnten Insel Rügen. Hier stellt man sich einer ganz besonderen Aufgabe: der Erhaltung des Rauhwolligen Pommerschen Landschafs.

Schon seit über 3.000 Jahren bilden diese Tiere ein bestimmendes Element der vorpommerschen Kulturlandschaft, archäologische Funde belegen dies. Doch in der zweiten Hälfte des vorigen Jahrhunderts standen sie kurz vor dem Aussterben. Sie erwiesen sich anderen Rassen gegenüber einfach nicht mehr als konkurrenzfähig; ihre Wolle war nicht so fein wie die der Merino-Schafe, und auch der Fleischertrag fiel nicht üppig genug aus. Waren es in den 1950er Jahren noch mehr als 100.000 Tiere, so gab es 1980 nicht einmal mehr hundert Exemplare der „Rauhwolligen". Höchste Zeit also für engagierte Tierzüchter, sich um den

Erhalt dieser für den Norden so typischen Rasse zu bemühen. Mit sieben Böcken und 46 Mutterschafen begann die Nachzucht, heute gibt es wieder rund 1.500 Mutterschafe, viele von ihnen auf den Inseln Rügen, Hiddensee und Ummanz. „Mit ihrer graublauen langhaarigen Wolle bilden die Tiere nicht nur einen Blickfang in der Insellandschaft, dank ihres Tritts und Fressverhaltens tragen sie auch zum Erhalt dieser Landschafts-

Das Rauhwollige Pommersche Landschaft

Einst vergessener Gutspark, heute sinnlicher Erlebnisort:
Der Garten von Marihn liegt in der kleinsten „SlowCity" der Welt.

form bei", so Viola Würker vom Convivium Rügen. „Wir werden auch in den nächsten Jahren verstärkt am Artenschutz des Rauhwolligen Pommerschen Landschafs mitwirken."

Langfristig ist eine Erhaltung von Haustierrassen jedoch nur durch deren Nutzung möglich. Selbst wenn es paradox klingt: Was man retten möchte, muss man essen. Damit man dies – ganz im Sinne von Slow Food – auch gerne und mit bewusstem Genuss tut, verarbeitet Marcus Bauermann in seiner Rügener Landschlachterei das Fleisch der Inselschafe zu köstlichen Spezialitäten.

Schwärmt er erst einmal von seiner Wurst, dann ist unschwer herauszuhören, dass Bauermann hier nicht so einheimisch ist wie die Rauhwoller. Doch mit seinen raffinierten Rezepturen, selbstentwickelten Herstellungsverfahren und traditionellem Schlachterhandwerk ist der Leipziger Metzgermeister inzwischen zu einem Inselbotschafter für den guten Fleischgeschmack avanciert und macht Lust auf Wurst. Und auf Lammsalami: „Die Schafe sind halbwild und ihr Fleisch ist mager, aber köstlich. Der milde Geschmack erinnert an Wild", verrät er mit sächselndem Tonfall.

Die Schinken- und Salamispezialitäten der Rügener Landschlachterei haben längst den Sprung aufs Festland geschafft und erobern die Herzen und Gaumen vieler Feinschmecker in ganz Deutschland. Beste Voraussetzungen für den Fortbestand des Rauhwolligen Pommerschen Landschafs – Kulturerbe auf schlanken Beinen.

SlowCity Die kleine Gemeinde Marihn inmitten der Mecklenburgischen Seenplatte hat sich entschieden: gegen Hektik und Uniformität, für die Stärkung von Regionalkultur und Weltoffenheit. Seit 2007 darf sich der Ort zwischen Waren und Neubrandenburg darum auch zum exklusiven Zirkel der weltweit rund einhundert „SlowCities" zählen, einer konsequenten Weiterentwicklung der Slow-Food-Bewegung. Eine internationale Jury war sich darin einig, dass das 260-Seelen-Dorf den hohen Anforderungen an praktizierte Umweltpolitik, die Aufwertung einheimischer Erzeugnisse, Landschaftserhaltung und Gastfreundschaft überzeugend genügt, und zeichnete die Gemeinde mit dem Prädikat „Città slow" aus. Wesentlich zum Erfolg beigetragen haben die Wiederherstellung und Erweiterung des Ensembles Schloss und Garten von Marihn. In der Anlage verbindet sich ästhetische Landschaftsarchitektur mit Genuss; vereinen sich Garten und Küche; finden Natur- wie Kulturinteressierte ein Erlebnis für die Sinne.

In der Ruhe liegt die Kraft

Wo die Küste aufhört und die Seen noch nicht beginnen, liegen Mecklenburg-Vorpommerns Wiesen, Weiden und Felder. Gelbe Rapsmeere, grün schimmernde Getreidefelder, uralte Streuobstwiesen, Kräutergärten, Kartoffeläcker und andere Feldfrüchte bieten ein Vielerlei an Farben, Gerüchen und Geschmackserlebnissen. Nirgendwo in Deutschland ist der Anteil an Lebensmitteln aus nachhaltiger ökologischer Landwirtschaft größer als im nordöstlichsten Bundesland.

Wie gemalt: Die Sonnenstrahlen tauchen die Streuobstwiese auf dem Gelände der „Essbaren Landschaften" in Boltenhagen in ein geheimnisvolles Licht.

2

3

4

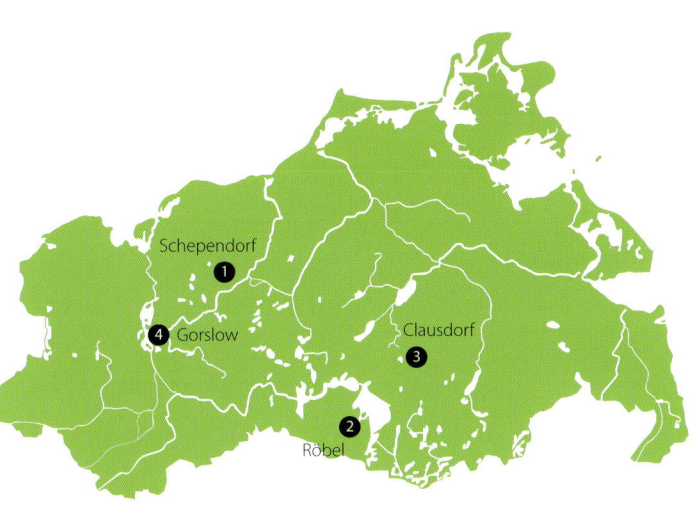

Schependorf
❶

❹ Gorslow

Clausdorf

❸

❷
Röbel

Im Kräutergarten der Natur

Wildkräuter, Fruchtgelees, Kräutersalze und Kräuteröl: „Essbare Landschaften" sind das gemeinsame Projekt eines Gärtners und eines Kochs. Jetzt verkaufen die beiden auch noch zum Verzehr geeignete Blüten. Damit wird die Gartenanlage im Gutshaus Boltenhagen auch im Wortsinn zur „blühenden Landschaft".

Es gibt sie wirklich, die sprichwörtlichen „blühenden Landschaften": Rund um das Gutshaus Boltenhagen am Rande der amtsfreien Gemeinde Süderholz, rund 20 Kilometer südlich von Stralsund, blüht es nicht nur ökonomisch, sondern auch ganz pflanzlich.

In diesem landschaftlich reizvollen Teil Nordvorpommerns gibt es reichlich tiefe Wälder, die romantischen Flusstäler von Ryck und Trebel sowie das 1709 errichtete Schloss Griebenow mit seinem schönen Park. Eigentlich ist es ist kaum noch als Geheimtipp zu bezeichnen, was dieser eher stille Landstrich als weiteren Schatz zu bieten hat: Die „Essbaren Landschaften". Gourmets und Köche wissen Bescheid, auch wenn der bekannte Gastro-Kritiker Wolfram Siebeck im Zeitmagazin noch die rhetorische Frage stellte: „Wussten Sie, dass es in Nordvorpommern eine Farm gibt, die vergessene Wildkräuter wieder anbaut und Deutschlands Spitzengastronomie damit beliefert?"

Von „essbaren Landschaften" hat Helmut Kohl nie gesprochen – und doch verbirgt sich hinter der Bezeichnung „Essbare Landschaften GmbH" eine der Erfolgsgeschichten, aus denen „blühende Landschaften" entstehen. Schaut man sich in dem eher schlichten, roten Backsteinbau des Gutshauses Boltenhagen um, dessen heutiges Erscheinungsbild manches über den Sinn und den gelegentlichen Unsinn von Denkmal-

schutzauflagen aussagt, so legen etliche verliehene Urkunden beredtes Zeugnis jenes Erfolges ab. Dass diese edlen Schriftstücke eher zufällig mal dort an der Wand hängen, mal bescheiden an einem Regal lehnen oder in einem Bücherstapel begraben sind, entspricht dem Charakter der beiden „Macher", die seit dem 1. März 2000 an der Erfolgsgeschichte schreiben.

Der diplomierte Gartenbauingenieur Olaf Schnelle und der Koch Ralf Hiener sind unabhängige Köpfe und haben es mit ihrer ungewöhnlichen Geschäftsidee zu einer eindrucksvollen Sammlung von Auszeichnungen gebracht. Besonders bezeichnend sind zwei „Gütesiegel": „Mutmacher der Nation" und „Land der Ideen". Olaf Schnelle lächelt fast ein wenig verlegen, wenn er darauf angesprochen wird. Der 44-jährige gebürtige Erfurter, dessen schlanke Figur und schmales Gesicht mit dem dunklen Teint ihn etliche Jahre jünger erscheinen lassen, ist der eigentliche Gründungsvater der „Essbaren Landschaften". Noch zu DDR-Zeiten absolvierte er von 1987 bis 1989 eine Gärtnerausbildung in Mühlhausen, danach studierte er bis 1994 an der Humboldt-Universität zu Berlin Gartenbau und schloss als Diplomingenieur für Gartenbau ab. „Und dann hatte ich eigentlich nur zwei Möglichkeiten", erinnert sich Olaf Schnelle 15 Jahre später. „Ich konnte entweder Vertreter

für den Landhandel werden oder Beamter in einer Gartenbaubehörde." Keine sehr verlockenden Aussichten für einen 29-Jährigen, dessen Unabhängigkeitsstreben in einer Randbemerkung seiner Vita deutlich wird: „1972 – 1984: Versuche in unterschiedlichen Schulen" ist dort zu lesen. „Ich wollte das nicht. Darum beschloss ich, mich selbstständig zu machen", erklärt Schnelle mit wenigen Worten seinen „großen Schritt". In die Unabhängigkeit und in die Unsicherheit. *Eatable landscapes* wollte Schnelle bauen – Gärten und Parks aus allem, was so grünt und blüht und wächst, wenn es denn nur auch der menschlichen Ernährung dienen kann. „Genuss ist doch nicht nur das Essen, Genuss ist doch auch das schöne Ambiente, das die Augen freut, Genuss sind die Stimmen der Vögel, denen wir in der Abenddämmerung lauschen. All das sollten die *eatable landscapes* bieten", ist Schnelle auch heute noch von seiner Idee begeistert. Den Namen hatte er im Titel eines englischsprachigen Buchs gefunden, die Idee hatte er selbst. Dann zog er mit der ganzen Familie aufs Land. Nach Dorow, wo Olaf Schnelle heute noch wohnt, zehn Autominuten vom Gutshof Boltenhagen entfernt, zusammen mit seiner Frau Ina, den Kindern Johannes, Georg und Anton, Hund Juli, den Schafen Malte, Ruth und Angela und ein paar Katzen.

„Ursprünglich hatte ich hier ja vor, Bio-Kläranlagen zu bauen. Kleine Einrichtungen für die einzelnen Höfe, die die maroden Anlagen aus der DDR-Zeit ersetzen konnten. Pflanzenklärwerke, in denen Schilf und Binsen das Abwasser filtern. Das funktioniert hervorragend und ist auch nicht wirklich teuer. Ich hatte nur übersehen, dass die bestehenden Kläranlangen aus DDR-Zeiten noch einige Jahre Bestandsschutz hatten – da investierte natürlich niemand in ein neues System." Die Idee, stellte Schnelle erneut fest, war gut. Doch Kunden dafür fand er nicht. An dieser Stelle hätte die Geschichte enden können, und Olaf Schnelle wäre Vertreter geworden. Für Saatgut und Gartengeräte. Oder Beamter in einer Gartenbaubehörde.

Olaf Schnelle hatte einen besseren Einfall, fand eine Alternative, wie er das täglich Brot für seine Familie verdienen könnte: mit Wildkräutern für die Gastronomie! Zwei Umstände kamen ihm bei der Verwirklichung dieses zugegeben etwas exotischen Ansatzes zum Broterwerb zugute. „Ich hatte als 17-Jähriger an einem Überlebenstraining teilgenommen. Daher wusste ich, was in der freien Natur an Essbarem wächst, wie es aussieht, wie es schmeckt, ob es bekömmlich ist oder schädlich", berichtet der Kräutersammler. Der zweite Umstand, der entscheidend zu dem nachhaltigen Erfolg der Kräuter-Vermarktung beigetragen hat: Als Olaf Schnelle 1998 damit begann, die Felder und Wälder rund um seine neue Heimat zu durchstreifen und dabei links und rechts der Wege Kräuter einzusammeln, hatte die Gastronomie gerade die „regionale Küche" als neuen Trend wiederentdeckt. „Frische Produkte aus der jeweiligen Region, möglichst unter natürlichen Bedingungen gewachsen und geerntet, ohne lange Anfahrtswege in die Küchen der Restaurants und Hotels geliefert, waren ‚in'. Also suchte ich mir die fünf besten Köche in meiner Umgebung und schrieb ihnen, ob sie es nicht einmal mit Wildkräutern aus Nordvorpommern versuchen wollten. Zu meinem Erstaunen bekam ich vier positive Antwortschreiben", erinnert sich der Kräutersammler an die ersten Lichtstreifen am hohen Himmel Vorpommerns.

Als Erster antwortete Ralf Hiener auf den Kräuter-Brief. Der heute 43-Jährige stammt aus dem baden-württembergischen Bad Säckingen. Nach einer Ausbildung zum Koch und zahlreichen Stationen in Deutschland und der Schweiz hatte es ihn 1997 nach Mecklenburg-Vorpommern verschlagen, wo er in Born auf dem Darß das durchaus noble Restaurant „Zum weißen Hirsch" betrieb und bekochte. „Ralf hat das verstanden und die Kräuter gleich in seiner Küche eingesetzt. Er ist eben ein sehr guter Koch", blickt Olaf Schnelle auf die ersten Begegnungen zurück.

Ralf Hiener erinnert sich ebenfalls noch deutlich an den Beginn der Kräuter-Karriere in seiner Küche: „Als ich im März 1998 zum ersten Mal mit Kräutern aus der freien Natur Kontakt hatte, wusste ich gar nicht so recht, was ich denn mit dem ganzen Reichtum, der vor mir lag, anfangen sollte. Es begann mit vorsichtigem Beschnuppern und Schmecken, wobei ich schon schnell herausfand, dass hier ein längeres Studium vor mir lag. Da ich die Kräuter nun einmal im Haus hatte, setzte ich einfach einen Wildkräutersalat auf die täglich wechselnde Speisekarte und marinierte ihn mit gutem Haselnussöl und Himbeeressig, sodass eigentlich nichts schiefgehen konnte. Die Gäste waren glücklich, und seitdem eroberten Giersch, Vogelmiere und andere ‚Unkräuter' einen festen Platz in meiner Küche und somit in meiner ganzen Art zu kochen."

Heute, genauer gesagt seit dem Jahr 2000, sind Schnelle und Hiener Partner und inzwischen auch Freunde. Denn am 1. März 2000 gründeten sie die „Essbare Landschaften GmbH", den ersten Wildkräutervertrieb Deutschlands. Der Markenname war eine Übersetzung von Schnelles altem Begriff der *eatable landscapes*, und die Unternehmensgründung stellte den Beginn einer wunderbaren Erfolgsgeschichte dar.

Die Wildkräuter eroberten die Küchen der deutschen Spitzenrestaurants und die Angebotslisten der wichtigen Caterer im Fluge. Heute

Wildkräuter und essbare Blüten aus Nordvorpommern bereichern die Kreationen der Spitzenköche in ganz Deutschland.

Der Gärtner und der Koch: Olaf Schnelle (vorn) und Ralf Hiener gründeten im Jahr 2000 den Wildkräutervertrieb „Essbare Landschaften".

kommen 80 Prozent der Kunden von Schnelle und Hiener aus der Gastronomie. Natürlich gibt es inzwischen einige Nachahmer, die auf den Erfolgszug aufspringen möchten. Meist vergeblich. „Die Köche kennen uns jetzt ja und wissen, dass wir mit den Kompetenzen des Kochs und des Gärtners einfach mehr Qualität, besseren Service und mehr frische Ideen bieten", ist Schnelle sich seiner Sache sicher.

Die innovativen Ideen können dabei schon einmal dem Zufall entspringen. So auch, als Gärtner und Koch sich unter den uralten Apfel- und Birnbäumen der gutseigenen Fallobstwiese bei einer Flasche Wein ausruhten und sich plötzlich fragten, ob man aus dem Obst nicht mehr machen könne, als es an Ort und Stelle zu verspeisen. Schnelle: „Es sind wunderbare Äpfel und Birnen, alte Sorten mit sensationellem Geschmack. Die mussten wir einfach in Produkte umsetzen." Heute gehören die Apfelgelees, mit Kräutern wie Waldmeister, Estragon und Rosmarin bereichert, zu den Rennern im Sortiment der „Essbaren Landschaften".

Doch zunächst ging es weiter um Kräuter. Jetzt konnte das Sammeln die steigende Nachfrage nicht mehr decken. Kurz entschlossen pachteten die beiden Entrepreneure das leerstehende Gut Boltenhagen, rodeten die wuchernden Holundersträucher und legten ihren Kräutergarten an. Die Kräuter wuchsen und gediehen, und die „Essbare Landschaften GmbH" wuchs und gedieh mit ihnen. „Wir züchteten immer neue Pflanzen heran, experimentierten, holten auch Kräuter, die hier nicht heimisch sind", erinnert sich Olaf Schnelle an die Aufbaujahre der Gärtnerei. „Wir lassen uns da keine Grenzen setzen, keine durch Öko-Chauvinismus vorgegebenen Verbote. Denn es ist der Reichtum, die ungeheure Vielfalt der Natur, die uns fasziniert. Die wird in Kräutern, Gräsern und Blumen ja viel deutlicher als zum Beispiel in der begrenzten Artenzahl unserer Gemüse. Die Wildkräuter sind exotisch und gleichzeitig einheimisch und demonstrieren den Reichtum, der in jeder näheren Umgebung beheimatet ist. Aber wir sind keine ‚Kräuter-Hexen'", betont der Gärtner Schnelle. „Wir sind Wieder-Entdecker verlorengegangener Genüsse, vergessener Kräuter, die alle auf eine große Tradition zurückblicken und mit denen viele Geschichten verbunden sind", umschreibt er das Selbstverständnis, das ihn und seinen Partner eint.

Die schier unglaubliche Vielfalt der Arten, die hier auf Gut Boltenhagen gezüchtet und geerntet werden, steht zugleich für eine ebenso große Vielfalt an Aromen und unterschiedlichen Geschmackserfahrungen. Ackerhellerkraut, Baldrian, Bärlauch, Brennnessel, Brunnenkresse, Franzosenkraut und Koriander, Knoblauchsrauke, Leimkraut, Löwenzahn, Melde und Moschusmalve, Sauerklee, Scharbockskraut,

Süßdolde und Vogelmiere: Von den meisten Kräutern aus dem ABC der „Essbaren Landschaften" kennt der Laie weder den Namen noch das Aussehen und erst recht nicht den Geschmack.

Rund 80 verschiedene Kräuter, Gemüse und Salate werden heute in den Gärten um das Gutshaus Boltenhagen angebaut. Die wöchentliche Sortimentsliste umfasst zwei klein bedruckte Seiten mit Wohlklingendem und Altbekanntem: Chinesischer Senf und Brennnessel werden angeboten, Bunter Mangold, Speisechrysanthemen, Magentamelde und Spitzwegerich. Pflückfrisch und küchenfertig verschickt, bereichern die Spezialitäten die Speisekarten von über 500 Restaurants in ganz Deutschland. „Am häufigsten gefragt wird immer noch unser Wildkräuter-Salat", berichtet Olaf Schnelle. Doch auch die Gelees, die

Bärlauch-Pestos, Kräutersalze und die essbaren Blüten, die als weitere Produktlinien hinzugekommen sind, finden immer mehr Abnehmer. Als Nächstes wollen der Gärtner und sein Koch es mit Ölen versuchen. Nun sind aromatisierte Speiseöle nichts Neues, und auch unter dem Begriff „Wildkräuteröl" gibt es bereits Produkte – doch dem Duo wird sicherlich etwas Besonderes einfallen.

Vielleicht sind dann wieder ähnliche Lobeshymnen zu lesen, wie sie schon im „Gastronomiereport", der Zeitschrift für bayerische Gastwirte, standen: „Sensationelle Ideen für die Gastronomie werden halt nicht nur in London, Paris oder Chicago geboren, sondern eben auch in Mecklenburg-Vorpommern! Genauer gesagt in Boltenhagen im Landkreis Nordvorpommern (den gibt's wirklich!). Dort haben im März 2000 der

Die Entdeckung des Ursprungs

Mit der Eröffnung des LandWertHofes in Stahlbrode besitzt der Norden, vis-à-vis der Insel Rügen, den Vorreiter für eine neue Land- und Genusskultur. Das Besondere dieses Hofes liegt in seiner innovativen Konzeption: Ein Zusammenschluss regionaler landwirtschaftlicher Erzeuger bewirtschaftet eine Fläche von 650 Hektar nach ökologischen Kriterien. Die so produzierten Erzeugnisse werden in höchster Qualität zu Spezialitäten veredelt und vermarktet. Landwirte und Gärtner, Metzger und Köche und schließlich auch die Kaufleute arbeiten dabei Hand in Hand.

Zur großen Freude aller Feinschmecker! Denn die Delikatessen vom LandWertHof erfüllen alle kulinarischen Anforderungen. Wie zum Beispiel die Schinken- und Wurstprodukte, die hier in Deutschlands einziger "gläserner Metzgerei" entstehen. Durch große Fenster ist es für Besucher möglich, den traditionellen handwerklichen Herstellungsprozess zu beobachten, bevor sie sich im hofeigenen Feinkostbistro vom Geschmack der Ergebnisse überzeugen und vor Ort den Ursprung des Genusses neu entdecken können.

Gartenbauingenieur Olaf Schnelle und der Küchenmeister Ralf Hiener die Gärtnerei ‚Essbare Landschaften' gegründet. Die Geschäftsidee lautete: Wildkräuter und seltenere Gewürzkräuter nach Bioland-Richtlinien zu kultivieren und die Kräuter per Paketdienst bundesweit an die Top-Gastronomie zu versenden. Und diese Idee ist sensationell eingeschlagen."

„Lange war es sehr anstrengend", zieht Olaf Schnelle im neunten Betriebsjahr eine Bilanz. „Doch jetzt führen wir trotz aller Rückschläge ein schönes Leben. Krisen, die man bewältigt, bringen einen voran." Und dann denkt er weiter: „Es muss ja nicht bei den Pflanzen bleiben. Ich kann mir auch vorstellen, eines Tages mit Fischen und Wild zu arbeiten. Die sind ja durchaus auch ein Teil der ‚Essbaren Landschaften'."

Der Widerspenstigen Zähmung

Zu den typischen Erinnerungen an einen Ostseeurlaub gehört das Bild der Sanddornsträucher in den Dünen-
landschaften. Schon in den siebziger Jahren besang Nina Hagen die dornige Pflanze in ihrem Hiddensee-Hit
„Du hast den Farbfilm vergessen". Zu entdecken sind die gesunden Beeren aber auch fernab der Küste.

Abgeschnitten, schockgefrostet und gerüttelt – das klingt nach einer recht martialischen Behandlung, die den kleinen und so freundlich leuchtenden Beeren widerfährt. Aber mit gutem Zureden und zartem Händchen allein ist dem Sanddorn nun mal nicht beizukommen. Die Dornen der baumartigen Sträucher gebärden sich wehrhaft bis angriffs- lustig, und die Früchte sitzen so fest am Zweig, dass sie sich jedem noch so sanften Pflückversuch widersetzen und lieber aufplatzen, als intakt geerntet zu werden. In Ludwigslust allerdings versteht man es aufs Beste, mit den kleinen Biestern umzugehen.

Hier, knapp vierzig Kilometer südlich der Landeshauptstadt, befin- det sich mit dem Sanddorn-Storchennest nicht nur eines der europa- weit größten Anbaugebiete für diese robusten Gewächse, sondern auch die Geburtsstätte des ersten Plantagenbetriebs der orangeroten Beeren überhaupt. In Ludwigslust wurde der widerspenstige Strauch gezähmt.

Das geschah in den siebziger Jahren, zu Zeiten also, in denen es um den Handel mit Südfrüchten im Osten Deutschlands alles andere als gut bestellt war. Zitrusfrüchte konnten nur gegen harte Devisen in die DDR eingeführt werden und fielen somit den staatlichen Importablöse- programmen zum Opfer: Einfuhrrestriktionen statt Pampelmusen. Eine

gute und gesunde Obst-Alternative sah der Mecklenburger Gartenbau- ingenieur Dieter Wolf damals im Sanddorn, der in Sachen Vitamin-C- Gehalt schließlich jeder Orange haushoch überlegen ist. Leider waren die Voraussetzungen für eine rentable landwirtschaftliche Nutzung des wild wachsenden Strauches nicht so leuchtend wie die sauren Beeren selbst.

Wolf, damals Abteilungsleiter der Obstproduktion der Gärtnerischen Produktions-Genossenschaft (GPG) „Storchennest", brachte von seinen Ostsee-Reisen die in der Küstenlandschaft beheimateten Sanddorn- büsche mit ins platte Binnenland, pflanzte einige Exemplare auf dem Gelände der Ludwigsluster GPG an und experimentierte unermüdlich mit dieser „Kratzbürste" herum. In Zusammenarbeit mit der Humboldt- Universität und den Berliner Baumschulen forschte er an der Sorten- wahl, züchtete und tüftelte in Sachen Ernte und Verarbeitung, bis end- lich 1979 der Durchbruch gelang und die erste Sanddorn-Kultursorte „Leikora" zugelassen wurde. Ein Jahr später dann konnte, fernab des Ostseestrandes auf kargem mecklenburgischem Boden, die erste Plan- tage der genügsamen Wildfruchtart angelegt werden. Von da an wurde die „Zitrone des Ostens" in großem Stile kultiviert. „Das war tatsäch-

lich eine Pionierleistung für den plantagenmäßigen Anbau weltweit", erklärt Agraringenieur Frank Spaethe. Er kennt diese Geschichte nur vom Hörensagen, denn damals steckte der gebürtige Nürnberger – ebenso wie die Kultivierung des Sanddorns – noch in den Kinderschuhen. Zu Beginn des neuen Jahrtausends dann übernahm er die Geschäftsführung der Sanddorn Storchennest GmbH und damit auch die Verantwortung über rund hundert Hektar ökologisch bewirtschaftete Anbaufläche vor den Toren der Schlossstadt. „Noch immer bauen wir Sorten wie Frugana und Leikora, Hergo und Ascola an, die zu jener Zeit gezüchtet wurden."

Jedes Jahr im August beginnt es auf den Feldern der Ludwigsluster Plantage gelb, orange und rot zu werden. Dann reifen zwischen den silbrig schimmernden Blättern der Sanddornpflanzen Abertausende der kleinen Beeren und verzaubern die Landschaft mit ihrem leuchtenden Farbspektakel.

Der Spätsommer ist die Zeit, in der die festen Mitarbeiter der Plantage die Arbeit alleine nicht mehr bewältigen können. Dann sind viele zusätzliche Erntehelfer unentbehrlich, die anrücken und sich ins Zeug legen müssen. Helfende Erntemaschinen lassen sich auf der Ludwigsluster Plantage nicht einsetzen. Wichtigste Utensilien bei der „Mission Sanddorn": dicke schützende Lederhandschuhe und scharfe Baumscheren. Schon frühmorgens, wenn der Tau noch auf den Blättern liegt, beginnen die Männer und Frauen ihren harten Job zwischen den langen Pflanzenreihen. Mit den wuchtigen Scheren rücken sie den

Vom Dünenstrauch zur Plantagenfrucht: In Ludwigslust
wird Sanddorn auf großer Fläche angebaut.
Jedes Jahr im August beginnt die mühsame Ernte.

Gewächsen zu Leibe, schneiden zunächst die meterlangen daumendicken Äste herunter und knipsen sie dann einzeln zu kleinen handlicheren Stücken. Blasen an den Händen und Kratzer in der Haut gehören dabei für alle zum Tagesgeschäft. Eine Erfahrung, die auch Frank Spaethe gemacht hat: „Bevor man mich hier zum Geschäftsführer ernannte, hatte ich mich bei der Storchennest GmbH eigentlich nur als Sanddorn-Schnitter beworben."

Die von Hand geschnittenen Zweige machen anschließend einen Besuch im plantageneigenen Gefrierhaus und werden bei einer Temperatur von minus 50 Grad schockgefrostet. In diesem Zustand geben die festsitzenden dornengeschützten Beeren jeglichen Widerstand auf und lassen sich in der Rüttelmaschine als Eisperlen leicht von den Zweigen abschütteln.

Rund 200 Tonnen der goldgelben Beeren gibt die Ludwigsluster Plantage pro Jahr her. Ein Drittel davon veredelt das Unternehmen selbst: zu Nektar und Sirup, Konfitüre und Gelee, Wein und Likör, sogar zu Gummibärchen und Essig, alles in zertifizierter Bio-Qualität.

Der größere Teil der unverarbeiteten Beeren geht an Kunden in ganz Europa oder wird in Ölmühlen weiterverarbeitet, wo man aus den Beeren das wertvolle Sanddornöl gewinnt; dank seiner hautfreundlichen und entzündungshemmenden Wirkung ein hochgeschätzter Grundstoff bei der Herstellung von Kosmetik und Arzneimitteln. Die Nachfrage

nach Sanddornprodukten ist sehr groß. „Den steigenden Bedarf können wir kaum decken", bestätigt Frank Spaethe. „Wir exportieren unsere Produkte sogar bis nach Japan, wo sie als ganz besondere Delikatesse gelten."

Leider lässt sich die Erntemenge nicht nach Belieben steigern. Neuanpflanzungen brauchen fünf bis sechs Jahre, bevor sie zum ersten Mal Früchte tragen. Und ist dann der Schnitt erfolgt, benötigen die Sträucher zwei bis drei Jahre Pause, um ausreichend neuen Nachtrieb zu bilden; ein Grund, weshalb jährlich nur ein Drittel der Plantagenfläche abgeerntet werden kann.

Das säuerliche Aroma des Sanddorns überzeugt nicht jede Zunge auf Anhieb. Doch Plantagenchef Frank Spaethe – selbst ein großer Fan seiner eigenen Früchte – hat auch für empfindliche Geschmacksnerven geeignete Serviervorschläge: „Sanddornsaft gemischt mit Wasser und Birnensaft ist köstlich; auch als Sirup auf Eis oder im Müsli macht sich die Beere gut. Sehr lecker ist auch der Sanddorn-Nektar: entweder pur oder erwärmt mit Holundersaft, aber auch als Cocktail mit Apfelsaft und Amaretto."

Der Sanddorn hat es geschafft! Er ist gesund, wird immer beliebter und ist auf dem besten Wege, sich zur Symbolfrucht Mecklenburg-Vorpommerns zu mausern. Von der „Zitrone des Ostens" zur „Olive des Nordens".

Beerenstark Sanddorn ist hart im Nehmen und hat viel zu geben. Die ursprüngliche Heimat des robusten Strauchs ist Nepal, und dank seiner Genügsamkeit wächst er auch auf kärgsten Böden. Das Verbreitungsgebiet des „Hippophae rhamnoides" reicht bis in Höhenlagen von 5.000 Metern, und sogar in Sibirien schlägt er Wurzeln. Als Überlebenskünstler trotzt die zur Familie der Ölweidengewächse gehörende Pflanze selbst Dauerfrost und Dürreperioden.

Nach außen gibt sich der Strauch – wie der Name sagt – dornig; doch in den orangeroten Früchten offenbart sich eine wahre Fülle innerer Werte. Die kleinen Beeren sind regelrechte Kraftpakete und strotzen nur so vor Vitaminen. Beim Ranking in Sachen Vitamin-C-Gehalt liegt der Sanddorn weit vor Orange, Paprika und Spinat. 100 Gramm der Powerbeeren versammeln, abhängig von der Sorte, bis zu 800 Milligramm Vitamin C in sich – da muss sich die Zitrone mit „nur" 50 Milligramm deutlich geschlagen geben. Mit einem hohen Gehalt an lebenswichtigem Vitamin B12, das sonst überwiegend in Fleisch vorkommt, passen die Wonneproppen hervorragend auf den Speiseplan von Vegetariern.

Doch das natürliche Multivitaminpräparat hat noch mehr zu bieten: Im Fruchtfleisch und in den Kernen steckt ein besonderes Öl, das nicht nur ernährungsphysiologisch wertvoll ist, sondern auch über heilende Wirkung verfügt. Deshalb wird Sanddorn gern vorbeugend und therapeutisch bei Hautschäden und zur Wundbehandlung eingesetzt.

Übe dich in Geduld

Sie bestellten als Missionare das geistige Feld. Doch die Mönche der ersten Klöster auf dem Gebiet des heutigen Mecklenburg-Vorpommern machten im 12. und 13. Jahrhundert das Land auch urbar und leiteten die deutsche Besiedelung ein.

Es war an der Wende vom 12. zum 13. Jahrhundert, Mittelalter laut Geschichtsschreibung – und je nach Sichtweise eine finstere Zeit oder eine Periode geistiger Erleuchtung. Es war die Zeit, als die Christianisierung der slawischen Bevölkerung begann, die oft mit dem Schwert vollzogen wurde. Der Sachsenherzog Heinrich der Löwe führte Krieg im Nordosten, eroberte das Land im Kampf gegen den Obotritenfürsten Niklot, der 1160 fiel. Niklots Sohn Pribislaw trat später dem Christentum bei und erhielt große Teile seines Landes als Lehen zurück.

Mit den Schwertern kamen die Kreuze. Die militärischen Erfolge ermöglichten die Gründung der ersten Klöster und Städte. Zisterzienser und Prämonstratenser waren die Glaubenspioniere, missionierten, betrieben Landwirtschaft, Viehzucht, legten im Umfeld ihrer mächtigen Sakralbauten Kräutergärten und Fischteiche an.

Bis heute werden die jahrhundertealten Fischteiche des Zisterzienserklosters Doberan befischt. Auf dem Fischereihof Detlefsen weiß man die Köstlichkeiten der heimischen Gewässer zu schätzen. Und fühlt sich einem Leitspruch der Zisterziensermönche verpflichtet: „Ordne dich den Jahreszeiten unter, übe dich in Geduld und verwende viel Mühe für die tägliche Kost!"

Große Abteien wie in Doberan und Dargun verhalfen den Zisterziensern zu einer gewissen Vormachtstellung im Land. Die Ordensmitglieder kultivierten Sümpfe und Brachland selbst, aber sie leiteten auch die deutsche Besiedelung ein und holten Bauern und Handwerker ins Land, die vor allem aus Westfalen und Niedersachsen nach Nordosten zogen. Als geschickte Landwirte und Händler versorgten die Mönche die hungrigen Menschen in den jungen Städten mit den Früchten ihrer Feld- und Gartenarbeit. Sie betrieben als Erste Pferde- und Fischzucht und verwandelten ihr gesammeltes Pflanzenwissen in segensreiche Klostermedizin. Und in so manchem Klostergarten wurde Hopfen gezogen, zur wunderbaren Verwandlung von Wasser und Malz in Bier.

Später erst kamen die Bettelorden ins Land. Die ersten Franziskaner ließen sich in Schwerin nieder. Gemeinsam mit den Dominikanern teil-ten sie sich die Seelsorge um Arme und Kranke. Noch später entstanden erste Nonnenklöster.

Die christlichen Ordensgemeinschaften hinterließen in Mecklenburg-Vorpommern einzigartige Schätze. An 25 Orten im Land sind die Spuren einstigen Klosterlebens zu erkunden. Beeindruckend ist bis heute das 1171 in Althof bei Doberan gegründete Zisterzienserkloster. Eine der größten noch erhaltenen Anlagen befindet sich in Dobbertin – einem 1220 gegründeten Benediktinerkloster. Aber auch kleinere Bauten zeugen von der hohen Kultur dieser Zeit. Bestes Beispiel ist das 1246 gegründete Kloster Zarrentin am Schaalsee. Einen ganz besonderen Schatz stellt die Ruine des 1199 von Zisterziensern gegründeten Klosters Eldena bei Greifswald dar, die durch die romantischen Bilder Caspar David Friedrichs weltbekannt wurde.

Zeit-Zeichen: Auf den Spuren der Geschichte kann man in Mecklenburg-Vorpommern zum Beispiel das Kloster Eldena (linke Seite oben), das Münster in Bad Doberan (linke Seite unten) oder das Kloster Zarrentin am Schaalsee (links) besuchen.

Die Entdeckung der Langsamkeit

Alles fließt, alles ist in Bewegung. Die Flusslandschaften in Mecklenburg-Vorpommern bieten einzigartige Naturerlebnisse. Ob Elbauen, Peene-moore oder die grünen Wiesen, durch die sich die Trebel schlängelt – hier werden die Ursprünglichkeit und die Weite des Landes erfahrbar.

Natur pur: Wie die Peene, hier auf der Höhe von Demmin, ziehen sich zahlreiche Flüsse durch das Land und bilden mit Auwäldern, Mooren und Dünen ihre eigenen Landschaften.

1

2

Trebeltal

Groß Görnow

Bobzin / Müritz-Elde-Wasserstraße

Dömitz / Elbniederung

3

Der Amazonas des Nordens

Kein Fluss fließt langsamer. Die Peene, der „Amazonas des Nordens", weist auf rund 100 Kilometer Länge gerade einmal 30 Zentimeter Gefälle auf. Ein Paradies für Flora und Fauna – so lockt Deutschlands artenreichster Strom neben Boots-touristen auch die Fischer an. Wie die Schliemanns, die ihre Erbhof-Fischerei bereits in dritter Generation betreiben.

Natürlich kommt man auch mit dem Wagen nach Faulenrost. Auf der Landesstraße 202 von Malchin aus erreicht man das ehemalige Rittergut in einer guten Viertelstunde. Mit dem Boot dauert das deutlich länger. Doch der Abstecher auf der Ostpeene lohnt sich. Weil das Ziel, der „Welshof Schliemann" und die angeschlossene Gaststätte „Zum Fischer Fritz", unbedingt einen Besuch wert ist und weil die Bootsfahrt den ersten Teil eines unvergesslichen Naturerlebnisses bedeutet. „Amazonas des Nordens" wird die Peene genannt. Zu Recht, denn sie bietet dem Bootswanderer als einer der letzten unverbauten Flüsse Deutschlands

auf 104 Kilometern in Flora und Fauna eine unvergleichliche Artenfülle. Direkt an der Ostpeene, einem der drei Mündungsflüsse, die sich bei Malchin im Kummerower See zur Peene vereinen, liegt das ehemalige Rittergut Faulenrost. Hier betreibt die Familie Schliemann in dritter Generation den „Welshof" – Erbhoffischerei auf Fluss und Seen, Fisch-räucherei und das Restaurant. Schon am Anleger bei den kleinen Reetdachhäusern der Siedlung hängt dieser unvergleichliche Wohlge-ruch in der Luft, der dem Kenner den Mund wässrig macht. Der Rauch aus den mit selbstgeschlagenem Holz der Roterle befeuerten Öfen mischt sich mit dem Duft der Fische, die hier seit einer guten Stunde in dich-ten Reihen über der Glut hängen.

Kerstin Schliemann lädt den Besucher zum Probieren ein. Wunder-bar, der noch warme Aal, eine der vielgerühmten Spezialitäten des Hau-ses. In verführerischem Goldgelb schimmert die glatte Haut, die das feste rosafarbene Fleisch einhüllt. Im hohen Fettgehalt des Aalfleisches liegt das Geheimnis des unverwechselbaren Wohlgeschmacks, denn das Fett trägt die Aromen, mit denen die salzigen Gewürze vor dem Räuchern und dann die rauchende Holzglut den Fisch veredeln. Auch Wels, Forelle und Lachs entfalten im Räucherofen ein eigenes würziges Aroma.

Traditionelle Reusenfischerei: So gehen vor allem die Aale ins Netz.

Das Gold aus dem Ofen: Geräucherter Aal ist das begehrteste Produkt des Welshofes.

Torsten Schliemann, der den Betrieb zusammen mit seiner Frau Kerstin führt, macht vor allem das Erlenholz für den besonderen Geschmack verantwortlich. „Es ist einfach milder als die Buche, die sonst häufig zum Räuchern verwendet wird", erklärt er. Und verrät – ausnahmsweise – das Betriebsgeheimnis: „Auf jede Lage Fisch kommt bei uns ein wenig Zucker!" Zucker? Schliemann lacht. „Meine Großmutter war Köchin auf einem Gut, und da hieß es immer: ‚Wo Solt dran kümmt, kümmt auch Zucker dran'. Daran halten wir uns bis heute – und der Geschmack ist schon etwas Besonderes."

Drei Räucheröfen sind auf dem Welshof im 24-Stunden-Dauerbetrieb, zusätzlich stehen im Restaurant noch zwei Schauöfen zur Verfügung. 1,5 Zentner Fisch werden hier durchschnittlich pro Tag in den

Wels, Schlei und Wildkarpfen (v. l. n. r.): Die Peene gehört zu den artenreichsten Flüssen Deutschlands.

Rauch gehängt, um anschließend im eigenen Restaurant auf die Teller zu kommen oder an Besteller in ganz Deutschland ausgeliefert zu werden. „Am besten geht der Aal, aber auch Wels und Zander sind sehr beliebt. Und wir räuchern auch Spezialitäten wie Saibling und Maräne, die ihre festen Abnehmer haben", erklärt Torsten Schliemann. Längst kann die eigene Fischerei auf den 400 Hektar Seen und in der Peene die Nachfrage nach den Räucherwaren nicht mehr decken, sodass die Schliemanns Fisch zukaufen müssen.

Später, im gemütlichen Restaurant, kann der Gast aus den frisch gefischten Schätzen der Peene wie Zander, Barsch, Hecht und natürlich den festfleischigen Welsen wählen, die der 1935 gegründeten Fischerei den Namen verliehen haben. Damals wurde ein bis heute nicht über-

troffener Rekordwels von 2,20 Meter Länge aus der Peene gefischt. Gründer dieser ersten deutschen Erbhoffischerei war tatsächlich der Fischer Fritz Schliemann – und so erübrigt sich die Bemerkung über den wenig originell scheinenden Namen der Gaststätte, die hier seit dem Jahr 2003 Genießer aus nah und fern anlockt.

1933 war die seit dem Jahr 1275 andauernde ritterliche Geschichte des Schlossgutes Faulenrost zu Ende gegangen, als Graf Septimus von Hahn das Schloss und die Ländereien an eine Berliner Siedlungsgesellschaft verkaufte, um seine knappe Kasse zu füllen. So kamen württembergische Neubauern an die Peene und mit ihnen Henny und Fritz Schliemann, die unter 42 Bewerbern den Zuschlag für die Fischerei erhielten. 69 Hektar maß zu diesem Zeitpunkt die Fischereizone an Fluss

und Seen, 1993 kamen zwei weitere Pachtseen hinzu. Die „Ernte" zeigt, dass die Peene und die klaren, stillen Seen, die sie speist, bis heute zu den artenreichsten Revieren Deutschlands zählen. Bis zu 2.000 Kilo Aale, bis zu 4.000 Kilo Karpfen, 1.200 Kilo Zander, 600 Kilo Barsche, 300 Kilo Schleie, 1.000 Kilo Welse und 1.200 Kilo Hechte gehen den Schliemanns jährlich in die Reusen, Stell- und Zugnetze oder an die Angelschnüre.

Gibt es schon eine vierte Generation Schliemanns, die den Betrieb einmal übernehmen kann, fragt der Besucher zum Abschied – fast ein wenig besorgt, dass mit der Familientradition vielleicht das Geheimnis der Zucker-Räucherei verlorengehen könnte. Torsten Schliemann lacht: „Es gibt sogar schon eine fünfte Generation Schliemann. Unser Sohn hat uns bereits zu Großeltern gemacht." Sohn Philipp ist 23 Jahre jung

– und natürlich gelernter Fischer! So ist die Zukunft der Erbhoffischerei auf der Peene also gesichert.

Wieder am Fluss oder besser in der Flusslandschaft. Denn nicht allein das schmale Band der Peene selbst bietet das einzigartige Naturerlebnis. Hinzu kommt die umgebende Landschaft. Zahlreiche Nebenflüsse, Bäche, trocken liegende Flussarme, Feuchtwiesen und Auenwälder prägen das Bild zu beiden Seiten des Flusses. Hinzu kommen Torfgräben und inzwischen unter Wasser stehende alte Torfbrüche, Spuren der früheren großflächigen Nutzung der Moore. Schließlich mündet die Peene zwischen dem Usedomer Achterwasser im Westen und dem Stettiner Haff im Osten in den Peenestrom, einen Mündungsarm der Oder, der ihr Wasser mit in die Ostsee nimmt.

Selten einmal ein Gehöft, wenige Dörfer und nur die kleinen Städte Dargun, Demmin, Loitz, Jarmen, Gützkow und Anklam beherbergen hier in den Landkreisen Demmin und Ostvorpommern die Menschen. Die Peenelandschaft kennt praktisch keine Industrie, als Wasserstraße spielt der Fluss für den Handel eine allenfalls regionale Rolle – so sind vom Torfabbau abgesehen die Folgen menschlicher Besiedelung und menschlicher Bewirtschaftung hier kaum spürbar. Umso besser stehen die Chancen für den Schutz der unvergleichlichen Natur und der natürlichen Schönheit. 9.600 Hektar umfassen die Naturschutzgebiete, die wie Perlen an der Schnur am Fluss liegen, hinzu kommen mehrere Landschaftsschutzgebiete und ein nach europäischer Richtlinie ausgewiesenes Vogelschutzgebiet.

Die Vögel sind das belebende Element in diesem ruhigen Naturraum. Allenfalls noch die Frösche machen ihnen Konkurrenz, wenn es darum geht, in der Morgen- und Abenddämmerung die Stille zu stören. Immer scheint irgendwo in der Ferne ein Kuckuck zu rufen, und immer wieder klingt ganz nahe das scharfe „Tjiih" des Eisvogels. 156 Brutvogelarten sind an der Peene registriert, das sind 80 Prozent der gesamten Brutvogelfauna Mecklenburg-Vorpommerns. Darunter sind die Seeadler, die Fischadler und der seltene Schreiadler, die in den Kronen der höchsten Bäume horsten, sicherlich die spektakulärsten Bewohner.

Im Frühjahr und Herbst kommen prominente Gäste hinzu, wenn die Kraniche hier Rast machen, bevor sie zu ihren fernen Brut- oder Winterquartieren weiterfliegen. In den Peeneauen leuchten die Blüten der Orchideen mit dem wie Diamanten schimmernden Gefieder der Eisvögel um die Wette. Oben kreisen die Adler, und unten am Ufersaum – zwischen Weiden, Erlen und Schilf – lauern regungslos die Reiher, um im blitzschnellen Zustoßen Beute zu machen. Friedlich äsende Rehe auf den dunkelgrün schimmernden Feuchtwiesen, manchmal ein Fischotter und ganz selten sogar ein Biber machen das Naturerlebnis komplett.

Doch das eigentliche Geheimnis dieses Paradieses aus Fluss und Flusslandschaft liegt nicht nur in seinen Naturschätzen, in der auch hier perfekten Grundlage, eine „essbare Landschaft" sein zu können. Das Geheimnis der Peene liegt auch in ihrer schier unglaublichen Kraft, den Menschen zu verzaubern und durch ihren Zauber zu verändern. „Panta rhei", alles fließt, heißt es in der altgriechischen Philosophie. Nach Heraklit, dem diese Erkenntnis zugeschrieben wird, ist das Leben immer in Bewegung, wie ein Fluss, der schließlich immer gleich und doch immer anders ist, da man nicht zweimal in dasselbe Wasser steigen kann. Die Peene aber entzieht sich dem Mechanismus des „Panta rhei", der doch die Vergänglichkeit allen Seins bedeutet. Denn die Peene ist ein Fluss, der praktisch nicht fließt. Vom Hafen Malchin bis zur Mündung hinter Anklam weist sie auf 100 Kilometer Länge gerade einmal 30,48 Zentimeter Gefälle auf – das sind 0,03 Prozent. So hat die Natur hier selbst die Langsamkeit entdeckt. Die Bilder und Düfte, das Rauschen der Pappeln, deren Blätter den Wind fangen, und die Stille, wenn kein Wind weht, haben wie die allgegenwärtige Ruhe, die diese Landschaft ausstrahlt, Zeit, sich wohltuend in der Seele einzubetten.

Folglich steigt der Mensch, der am Kummerower See aufgebrochen ist, am Ende der Tour in Anklam als ein anderer aus dem Boot. „In der

Lädt zum Verweilen ein: die Peenelandschaft

Ruhe liegt die Kraft", hat Pyrrhon erkannt, ebenfalls ein Denker aus dem alten Griechenland. Diese aus der Ruhe entspringende Kraft nimmt man von einer Peenefahrt mit nach Hause – ein Schutzschirm gegen den Stress der Alltagshektik.

Doch muss man nicht auf die alten Griechen zurückgreifen, um die Beständigkeit zu beschreiben, die das Naturwunder Peenetal und seine Wirkung auf den Menschen kennzeichnet. „Hier bliwt allens bi'n ollen!", stellte schon der mecklenburgische Heimatdichter Fritz Reuter fest.

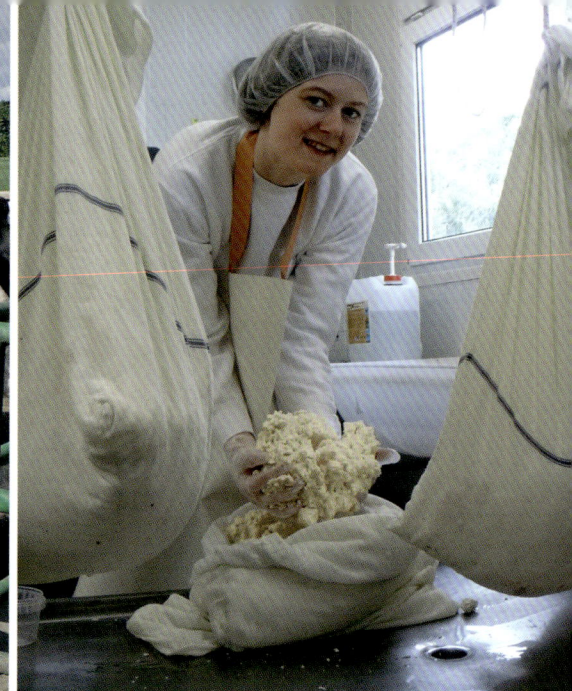

Alles in Butter

Fährt man durch die Weiten Mecklenburg-Vorpommerns, dann sind sie allerorten zu sehen: friedlich vor sich hinweidende oder wiederkäuende Kühe auf grünen Wiesen. Über ganz besondere „Vorzüge" allerdings verfügt eine Herde in der Elbmarsch.

Der wichtigste Teil der Belegschaft auf dem Hof Weitenfeld in Vorderhagen ist weiblich. Tag für Tag geben 140 leistungsfähige Ladys das Beste: ihre Milch! Hätten die freundlichen Schwarzbunten so etwas wie ein Selbstbewusstsein, dann wären sie wohl mächtig stolz, ausgerechnet hier inmitten der saftigen Wiesen im Naturpark Mecklenburgisches Elbetal ihren Stall- und Weideplatz gefunden zu haben. Mit seiner über hun-

dertjährigen Geschichte ist der Hof der Familie Guhl schließlich der einzige Milchviehbetrieb in den neuen Bundesländern, der im Jahre 2009 die amtliche Zulassung zur Herstellung und Vermarktung von Vorzugsmilch besitzt; Beweis für die regelmäßig kontrollierte Gesundheit der Kühe und strengste Hygienevorkehrungen bei der Abfüllung und Weiterverarbeitung in der hofeigenen Molkerei.

Was aber sind die wesentlichen Vorzüge der Vorzugsmilch? „Sie ist völlig naturbelassen", erklärt Juliane Guhl. Die Tochter von Hofchef Peter Guhl wird den traditionsreichen Familienhof dereinst in sechster Generation führen und ist firm in Sachen Milch: „Das einzige, was wir nach dem Melken mit der Milch machen, ist, sie ganz schnell auf 4 °C herunterzukühlen und sofort abzufüllen. Ein ganz traditionelles Verfahren, aber heute nahezu eine Rarität. Bei der Vorzugsmilch bleiben alle Nähr- und Vitalstoffe in unveränderter Form erhalten."

Gesund ist sie also und dazu rekordverdächtig frisch. Dank des Weitenfelder Lieferservices braucht die Milch höchstens 18 Stunden vom Euter bis in den Kühlschrank der Kunden. Und lässt man sie bei Zimmertemperatur stehen, dann wird sie – anders als die pasteurisierte Konkurrenz – zu Dickmilch. Wie früher bei Großmutter. „Ein bisschen Zucker drüber und ein paar Blaubeeren – köstlich!"

Eine wahre Vorzugsmilch-Spezialität aus der Guhlschen Molkerei ist die „Echte Fassbutter". Die wird noch wie früher richtig gebuttert und in einem bewährten handwerklichen Verfahren in verzierten Holzmodeln geformt, Stück für Stück. Dass sie auch im „brot & butter"-Laden des – was Qualität angeht – höchst anspruchsvollen Handelsunternehmens Manufactum zu erstehen ist, ziert sie wie ein Gütesiegel, eben: alles in Butter!

Traditionsäpfel

„Bäume sind Gedichte, die die Erde in den Himmel schreibt", so der libanesische Dichter Khalil Gibran. Es könnte sich aber auch um den Ausspruch eines mecklenburg-vorpommerschen Landwirts handeln, der sich am Anblick seiner blühenden Streuobstwiese freut.

Obstbau hat im Lande eine lange Tradition, und besonders Äpfel bildeten von jeher eine wichtige Ernährungsgrundlage. Mit dem zunehmenden Plantagenanbau der modernen Obstbauwirtschaft verschwanden allerdings immer mehr Apfelbäume aus den Gärten und von den Wiesen, alte Sorten gerieten in Vergessenheit. Heute bemühen sich Obstfreunde, Pomologen und Baumschulen wieder zunehmend um den Erhalt einheimischer Früchte und informieren über die Sortenvielfalt.

So hat der Landschaftspflegeverband Odermündung am Standort Ferdinandshof einen 6 Hektar großen Garten angelegt, in dem alle noch auffindbaren Obstsorten der Region gesammelt werden. Das Schweriner Freilichtmuseum Mueß baut auf einer alten Streuobstwiese traditionelle Sorten an. „Pommerscher Krummstiel" und „Mecklenburger Königsapfel" wachsen wieder als lebendiger Teil der hiesigen Kulturgeschichte. Quasi ein Gedicht.

Sinfonie in Blau und Grün

2014 blitzsaubere Seen glitzern in Mecklenburg-Vorpommern blau im Grün der umliegenden Wald- und Wiesenlandschaften. Sie bieten eine einmalige, zum Teil nur hier beheimatete Flora und Fauna. Die Menschen, die die Seenlandschaften als Fischer, Viehzüchter und Landwirte nutzen, gewinnen daraus Produkte mit höchsten Genusswerten.

Es werde Licht! Das allgegenwärtige Element der Mecklenburger Seenplatte bietet zu jeder Tages- und Jahreszeit bleibende Eindrücke, wie hier am Franzosenweg bei Schwerin.

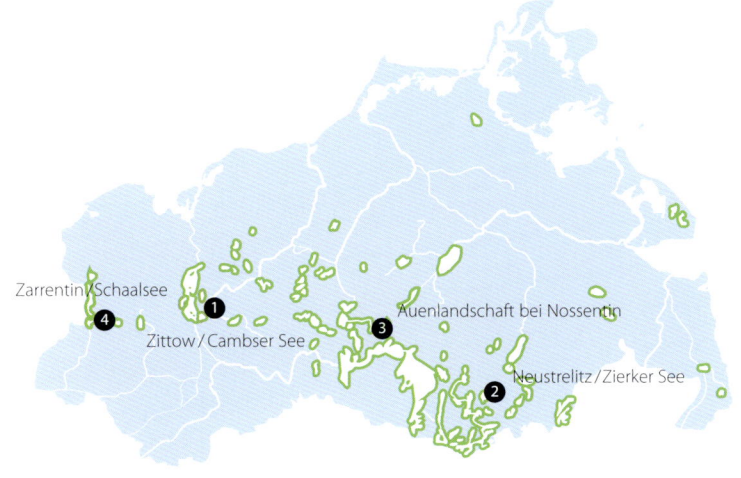

Zarrentin / Schaalsee

Zittow / Cambser See

Auenlandschaft bei Nossentin

Neustrelitz / Zierker See

Alle Zeit der Welt: Die Müritzlämmer weiden das würzige Moorland-Gras und die wild wachsenden Kräuter ab.

Das Lamm der Küchen-Götter

Mecklenburg-Vorpommern weist eine Vielzahl herausragender Produkte auf, die Gourmets weit über die Landesgrenzen hinaus schätzen. Doch kaum eines von ihnen hat einen so beispielhaften Siegeszug in die Küchen der Spitzengastronomie geschafft wie Victor's Müritzlamm, das sein Züchter mit gutem Recht als „das Lamm der Sterneköche" anpreist.

Weit schweift der Blick über das grüne Hügelland im Herzen der Mecklenburger Seenplatte. Kurz vor dem Horizont spiegeln sich die im kräftigen Ostwind treibenden Wolken im Wasser eines der vielen kleinen, namenlosen Seen, die rund um die Müritz den Charakter der Landschaft bestimmen. Den Besucher, der seinen Weg in das kleine Dörfchen Stuer findet, haben große Schilder am Rand der einspurigen Fahrbahn aufgeklärt, dass dieser See mit Mitteln der Europäischen Union renaturiert wurde. Über einer kleinen Baumgruppe am Ufer kreist ein großer Raubvogel, und der Fremde möchte sich gerne einbilden, dass es ein Adler ist. Schließlich gibt es hier wieder Seeadler. Der Mann, der auf halbem Weg dorthin neben seinem Pferd steht, passt gut ins Bild.

Das könnte John Wayne sein. Der junge John Wayne, hochgewachsen, kräftig, fast kantig gebaut und schlank wie eine Tanne. Allerdings trug John Wayne keine Sonnenbrille. Und er hatte auch nicht alle fünf Minuten das Handy am Ohr.

Tatsächlich hat Schwagrzinna mit Western-Romantik nichts am Hut. Und die Tiere, die das ganze Jahr über auf seinen rund 200 Hektar unbelastetem Öko-Weideland im Herzen der Mecklenburgischen Seenplatte grasen, sind keine Rinder, sondern rund 1.700 Schafe und ihre Lämmer. Sowie – auf einer eigenen Weide – einige wenige Böcke, ohne die das Zuchtgeschäft nun einmal nicht läuft. Klaus Schwagrzinna und seine Frau Christiane, eine studierte Juristin und frühere Ruder-Weltmeisterin, sind Lammzüchter. Sie züchten das Müritzlamm und verkaufen es als Victor's Müritzlamm.

Wenn man Experten fragt, etwa Drei-Sterne-Köche wie Dieter Müller, Juan Amador oder Christian Bau, ist es das beste Lamm Deutschlands. Mindestens! Viele Starköche ersetzen heute auf ihren Menükarten sogar die berühmten französischen Lämmer aus den Pyrenäen oder von der Atlantikküste durch Schwagrzinnas Müritzlamm. Dessen besonderes Aroma wird von den kräuterreichen Moorwiesen der Mecklenburgischen Seenplatte geprägt. Joachim Wissler, Drei-Sterne-Koch aus Bergisch Gladbach, der schon mal 30 Rücken im Monat kauft, weiß, warum die Kochkünstler so sehr auf die Mecklenburger Tiere setzen: „Das Fleisch der Müritzlämmer ist immer saftig, aromatisch und zart."

Eigentlich ist Klaus Schwagrzinna Fernsehjournalist. Und auch heute noch produziert er gelegentlich Dokumentationen und Hintergrundberichte. Doch keine Minute, so versichert er glaubhaft, habe er den Umzug aus Berlin aufs Land bereut. Lämmer kannte Schwagrzinna in der Zeit, als er für die ARD-Fernsehmagazine „Panorama" und „Monitor" Beiträge recherchierte, allenfalls aus dem Restaurant. Denn er hatte als Kind zwar vom zweiten bis zum 18. Lebensjahr alle Schulferien in Mecklenburg auf dem Bauernhof der Großmutter verlebt – „die schönste Zeit im Jahr", wie er sich erinnnert –, aber Schafe gab es da nicht. Überhaupt hielten die Menschen in seiner neuen Heimat dicht am idyllischen Plauer See, wo die Schwagrzinnas sich nach der Wende das Gut Müritz kauften, nicht viel von Schafen. Als er seine Tiere anfangs zum Schlachthof brachte, hieß es: „Da kommt der mit dem Hundefutter", erzählt Klaus Schwagrzinna. Und jetzt erinnert sein Lächeln an John Wayne nach einem gewonnenen Duell.

Das mit dem Hundefutter entspricht dem nachhaltig gestörten Verhältnis der Deutschen zum Lammfleisch. Dessen Anteil am Gesamtfleischkonsum liegt in der Bundesrepublik bei lediglich 1,7 Prozent. „Der Deutsche denkt, Lamm ist gleich Hammel. Viele erinnern sich an das unangenehme, tranige Aroma alter Hammel oder Widder, die man in der Nachkriegszeit schlachtete und aß", erklärt Heinz Winkler, Zwei-Sterne-Koch aus Aschau und Kunde bei Schwagrzinna. „Ein Lamm schmeckt aber überhaupt nicht tranig, wenn es nur jung genug geschlachtet wird."

Das ist das Schicksal der Müritzlämmer und ihre Bestimmung. Denn so niedlich die kleinen Tiere vom Hof Müritz aussehen, alt werden sie nicht. Spätestens nach einem Jahr, meist mit sieben, acht Monaten werden sie geschlachtet. Den besonders begehrten Milchlämmern, die sich noch vorwiegend von der Milch der Muttertiere ernähren, sind höchstens zwei Monate beschieden. Doch auch sie erhalten all die Pflege und Zuwendung, die ein „glückliches Lamm" braucht. 50 Milchlämmer zieht Christiane Schwagrzinna gerade in einem eigenen Stall mit der Flasche und dem Milchautomaten groß, Waisen oder von den Muttertieren nicht angenommene Tiere, was besonders bei Drillingsgeburten vorkommt.

Die schlanke, großgewachsene Frau bildet mit ihrem Mann Klaus ein eingespieltes Team, eine Erfolgsformel, die es oft im Lande gibt. Beim Treiben und Teilen der Herden, dem „Cutting", wie es in der Sprache des amerikanischen Westens heißt, ist die sportliche Christiane Schwagrzinna auf ihrem weißen Andalusier „Granador" dem Team meist ein gutes Stück voraus. Und wenn Lammzeit ist, betätigt sie sich auch als Geburtshelferin, sollte ein Muttertier Probleme haben. Ist das Neugeborene zu schwach, kommt es in die Satteltasche und dann in die Aufzuchtstation. Und am Schreibtisch bearbeitet die examinierte Juristin für das Unternehmen „Victor's Müritzlamm" die Vertragsangelegenheiten mit der geradlinigen Präzision und Entschiedenheit, die ihrer Heimatstadt Bremen entspricht. „Die ideale Partnerin, ohne Christiane hätte das hier nicht funktioniert", zollt Klaus Schwagrzinna seiner Frau den gebührenden Tribut.

Und wendet sich auf seinem Rundgang über die grünen Wiesen, auf denen mehr schmackhafte Wildkräuter als Gras zu wachsen scheinen, wieder den Schafen und Lämmern zu. „Engländer", sagt er und zeigt auf einige besonders propere, stämmige Exemplare, „unsere neueste Züch-

tung. Südenglische Southdown-Böcke werden auf Texel-Schafe gesetzt. Sehen Sie sich die Keulen an und die breiten Rücken. So viel Fleisch hat keine andere Rasse."

Bis zur Schlachtung haben es die Müritzlämmer so gut, wie man es einem Lamm nur wünschen kann. Von morgens bis abends ziehen sie an der Seite der Muttertiere über die weiten Flächen rund um das Gutsgebäude und weiden das würzige Moorlandgras und die wild wachsenden Kräuter ab. Hormone, Antibiotika und genmanipuliertes Getreide sind beim Bio-Produkt Müritzlamm tabu. „Das sind keine Turbotiere, wir lassen sie sanft wachsen", sagt Schwagrzinna. Das Großziehen der Lämmer unter natürlichen Bedingungen, nur mit heimischem Futter, gehört zu den Leitsätzen auf dem Hof Müritz, der Mitglied im deutschlandweiten „Biopark"-Verband ist.

Natürlich ist Christiane und Klaus Schwagrzinna der Erfolg bei Zucht und Vermarktung nicht in den Schoß gefallen. Er ist vielmehr das Fleisch gewordene Ergebnis harter Arbeit – und geradezu journalistischer Recherche. „Ich habe immer die besten Experten gesucht und mir ihren Rat geholt. Und den Rat habe ich dann in die Tat umgesetzt", erinnert sich der 51-Jährige an die ersten Jahre als Züchter. Diese Recherchen führten ihn auch zu Monty Roberts, dem bekannten „Pferdeflüsterer". Roberts, über den Schwagrzinna inzwischen mehrere Fernsehdokumentationen produzieren konnte, hat sich auch intensiv mit Schafzucht beschäftigt und selbst gezüchtet. Er brachte Klaus Schwagrzinna nach England, um sich Southdown-Böcke anzuschauen, von denen er besonders viel hielt. „Die Züchterin meinte zu träumen, als sie den leibhaftigen Pferdeflüsterer vor sich sah, der dann auch noch unter ihren Böcken herumkroch. Wie haben dann gleich ein paar gekauft, und noch heute liefert sie mir immer ihre besten Tiere", erinnert sich Schwagrzinna, der seine Zucht immer wieder mit frischen Blutlinien stärkt.

Als die Schwagrzinnas Ende der achziger Jahre mit der Lammzucht begannen, versuchten sie es zuerst mit den regionaltypischen Schwarzkopf-Schafen, die aber wegen ihres relativ hohen Fettgehalts und der nur mittelmäßigen Bemuskelung nicht das erhoffte Ergebnis brachten. So wurden zunächst Texel-Schafe und später Merino-Schafe auf die Müritz-Weiden gestellt und miteinander gekreuzt. Da Merinos im Gegensatz zu allen anderen Rassen nicht erst im Mai, sondern schon ab Dezember lammen, standen das ganze Jahr über schlachtreife Lämmer zur Verfügung. Mit den kleinen, vollfleischigen Southdown-Böcken erzielen die Schwagrzinnas inzwischen noch bessere Ergebnisse.

Inzwischen hat Klaus Schwagrzinna ein eigenes Schlachthaus auf seinem Hof gebaut. So kann er noch direkter auf die manchmal durchaus ausgefallenen Wünsche seiner Kunden eingehen. „Einmal wollte ein Koch von mir Lamm-Schwänze. Da haben die im Schlachthof gedacht, ich wolle sie verulken. Denn die schmeißen die Schwänze grundsätzlich weg", berichtet er. „Ob Zunge oder Schwanz – heute kann ich den Köchen bis auf die letzten Extras, wie etwa die begehrten Bäckchen, das liefern, was sie bestellen." Seinen Erfolg erklärt Schwagrzinna so: „Wir haben hier ein riesiges Reservoir an Tieren und können uns immer die besten Mutterschafe und Böcke aussuchen. Und wir machen von A bis Z alles selbst, nichts bleibt anderen oder dem Zufall überlassen: Tierauswahl, Zucht, Fütterung, Schlachtung, Fleischbehandlung." Nur so, haben die Züchter erkannt, lässt sich der hohe Anspruch garantieren, den die Kunden aus der Edelgastronomie an die Produkte stellen, die sie in ihren Küchen verarbeiten.

Klaus Schwagrzinna sucht für die Schlachtung bis zu achtzig Lämmer pro Woche aus. Zur Hochsaison vor Ostern sind es fünfmal so viele. Pro Jahr bringen die Schafe vom Hof Müritz etwa 2.500 Lämmer zur Welt. Mehr als drei Viertel werden im Alter von sechs bis neun Monaten geschlachtet, an die 500 bereits früher als Milchlamm, und 300 werden für die weitere Zucht verwendet. „So ist das", stellt Schwagrzinna nüchtern fest, „Leben und Tod gehören hier eng zusammen." Sollte der eigene Bestand einmal nicht reichen, um die Nachfrage zu befriedigen, kaufen die Züchter in der Nachbarschaft Lämmer zu. „Da gibt es auch gute Tiere, und wir nehmen jeweils nur die besten", versichert Schwagrzinna. Drei Tage nach der Schlachtung folgt ebenfalls direkt auf dem Hof die Zerlegung der Lämmer. Die Rücken bleiben ganz, Keulen und Schulter werden nach klassischer Rinderart geteilt und als Hüfte, Tafelspitz, Oberschale oder Nuss angeboten. Nach längerer Reifezeit geht die Ware schließlich per Kühl-Express zu den Kunden in der Edelgastronomie, wo die Lämmer von der Mecklenburger Seenplatte dann im Thymianjus, unter der Dijon-Senf-Kruste und in zahlreichen weiteren Rezepturen den Gaumen des Genießers erfreuen. Gelegentlich geht auch eine Lieferung ins Berliner Schloss Bellevue, denn immer, wenn der Bundespräsident seinen Gästen Lamm kredenzt, stammt es von der Müritz.

Und wer ist Victor, der den Lämmern vom Hof Müritz den Markennamen gegeben hat? Klaus Schwagrzinna zeigt lächelnd auf ein kleines Foto, das gleich links im Eingangsflur des Gutshauses an der Wand hängt. Es scheint, Victor lächle auch. Aber das ist sicherlich nur eine Illusion, denn Schafböcke lächeln nicht. Auch nicht, wenn sie über mehrere Jahre alle englischen Southdown-Championate gewonnen haben und Stammvater der berühmten Müritz-Böcke sind. Victory, Siegertypen eben, wie John Wayne …

Eine Arche für die Schnucke

Alte, längst vergessene Obstsorten, Landschweine, die noch nach Schwein schmecken, oder eben vom Aussterben bedrohte Schafrassen: An vielen Stellen in Mecklenburg-Vorpommern erhalten engagierte Landwirte, Züchter und Schäfer die große Vielfalt der natürlichen Schätze. So wie am Schaalsee, wo ein Hof zur „Arche" für seltene Heidschnucken geworden ist.

Es ist ein Kind der Grenze. Dort wo früher die Bundesrepublik aufhörte und die DDR anfing, liegt das Biosphärenreservat Schaalsee. Damals war hier alles Sperrgebiet, und so blieben der 14 Kilometer lange See, der dem Gebiet den Namen gab, und das umgebende Land von Menschenhand weitgehend unberührt. Folglich konnte sich Natur ganz ungestört neu und wieder entwickeln – und so erscheint diese Landschaft im Nordwesten Mecklenburgs dem Besucher wie eine Erinnerung an paradiesische Zeiten.

Wiesen und Wälder, Moore und Seen prägen das eiszeitlich geformte Hügelland. Hier und da führen Alleen und heckengesäumte Wege zu den wenigen Orten, an denen Menschen leben. Denn das Biosphärenreservat ist keineswegs Sperrzone – auch die kulturhistorischen Werte, die die Menschen hier im Laufe der Jahrhunderte geschaffen haben, gilt es zu erhalten.

Dem Ziel, Natur und menschliche Besiedelungskultur zu bewahren, hat sich der Schäfer Detlev Mohr, Betreiber des Arche-Hofs Schnuckenschäferei Schaalsee in Salitz, verschrieben. Und wie es sich für eine „Arche" gehört, bietet der Hof Lebensraum für eine Reihe bedrohter Nutztierarten. Denn Mohrs Credo lautet, dass jeder, der mit Tieren wirtschaftet, dies auch mit bedrohten Arten tun kann. Im Mittelpunkt steht am Schaalsee die Weiße Gehörnte Heidschnucke. Das kleingewachsene Schaf ist fast in Vergessenheit geraten. Kein Wunder, taugt es doch nicht als Woll- oder Milchlieferant für die Käseproduktion, und wenn auch das Lammfleisch des leichten Wildgeschmacks wegen als Delikatesse gilt, lohnt die Zucht aus wirtschaftlichen Gründen kaum. Allerdings ist die Schnucke in der Landschaftspflege auf den moorigen und sandigen Grünflächen am Schaalsee nicht zu überbieten. Sie stampft den Boden fest und verhindert, dass Sträucher und Bäume die Landschaft überwuchern, indem sie die jungen Keimlinge vertilgt.

Rund 1.000 Schafe, meist Heidschnucken und auch rund 100 Rauhwollige Pommersche Landschafe, die für die Region einst so typisch waren, werden auf dem Arche-Hof gehalten. Sie ernähren sich von dem, was das Land ihnen bietet – Futterzukauf, Dünge- und Spritzmittel gibt es im Biosphärenreservat nicht.

Schutz und Heimat in der Arche: Die Weiße Gehörnte Heidschnucke ist vom Aussterben bedroht.

Die Fischerin vom Rödliner See

Auf Landkarten und Luftaufnahmen präsentiert sich die Gegend zwischen Plau und Woldegk, von Mirow bis Malchin wie ein blaugesprenkelter Teppich. Ein See neben dem anderen. Ideale Fanggründe für die hier ansässigen Binnenfischer – und eine Binnenfischerin.

Das Ende der Fischerstraße in Rödlin ist nicht das Ende der Welt. Auch wenn die holprige Zufahrt dies zunächst glauben macht. Das bunt zusammengewürfelte Gebäudeensemble, ein Trecker, auf dem Hof abgestellte Schubkarren und Eimer, und hinter einer offenen Schuppentür Werkzeuge, Schürzen und Gummistiefel.

Nein – auf den ersten Blick ist das kein malerisches Postkartenmotiv. Hier sieht's nach Arbeit aus! Romantischer wirken da schon die zum Trocknen aufgehängten Netze und Reusen. Und erst recht der Blick durch das Schilfgras hindurch auf eine in majestätischer Ruhe daliegende Wasserfläche, in der sich die schnell dahinziehenden Wolken spiegeln und Sonnenstrahlen glitzernd reflektieren. Dies ist der Rödliner See, ungefähr auf halber Strecke zwischen Neustrelitz und Neubrandenburg.

Haus und Hof, Trecker und Gummistiefel gehören zum Fischereibetrieb von Sabine Reimer-Meißner, der einzigen Frau Mecklenburg-Vorpommerns in der Männerdomäne der Binnenfischerei. Sie fischt, weil sie gar nicht anders kann: Seit vielen Generationen schon verdient ihre Familie den Lebensunterhalt mit dem Fischfang. Da steckt die Begeisterung für Wasser und Natur wohl in den Genen, strömt das Fischerblut durch die Adern. Ihre aus einer Weichselfischer-Dynastie stammenden Urgroßeltern kamen bereits 1922 nach Rödlin, um hier in der Mecklenburgischen Seenplatte ihre Netze auszuwerfen.

„Ich wusste schon ganz früh, dass ich nichts anderes machen möchte." Bereits als Kind fuhr die kleine Sabine mit dem Vater auf den See, durfte rudern, während er die Reusen leerte. „Eines Tages beobachtete uns ein Seeadler, flog auf unser Boot zu und bekam von Papa einen Fisch ab. In dem Moment hab ich gewusst: Wenn ich groß bin, dann will ich diesen Vogel auch füttern." Ein Schlüsselerlebnis auf dem Weg zum Traumberuf. Und diesen Weg ist sie konsequent gegangen, auch wenn sich Vater Horst über die Berufswahl seines Mädchens erst einmal entsetzt zeigte. Dieser Job sei doch wirklich zu hart für eine Frau. „Als ich aber die Fischerlehre mit Auszeichnung abschloss und auch noch ein Ingenieurstudium für Binnenfischerei drangehängt habe, da war er dann doch stolz."

Zu dem Zeitpunkt war dem besorgten Papa allerdings auch noch nicht ganz klar, dass seine Tochter eines Tages tatsächlich zentnerweise Hecht und Aal, Zander, Barsch und Plötze in ihren Kahn hieven würde; gut zu tun hätte sie ja zum Beispiel auch in einer Forellenzucht mit der Überwachung der Fischgesundheit, einen solchen Job hatte sie nämlich schon so gut wie in der Tasche. Doch es war schließlich die politische

Wende, die auch in der Fischerei Reimer die Weichen für die Zukunft stellte. Die volkseigene Binnenfischerei mit Brigadestützpunkt Rödlin hatte ausgedient, der Rückkauf der Grundstücke und die Gründung eines privaten Unternehmens wurden möglich. Die Sache hatte allerdings einen Haken: „Aus Sicht der Banken war mein Vater bereits zu alt für einen Kredit. Das hieß: ohne einen Nachfolger kein Geld."

Tochter Sabine nutzte die Gunst der Stunde und stieg in den Familienbetrieb mit ein – nicht ganz ohne Genugtuung, wie sie verrät. Heute führt sie die Geschäfte der traditionsreichen Fischerei eigenverantwortlich, bewirtschaftet 18 Seen zwischen Stolpe und Zienow mit einer Fläche von rund 600 Hektar, unterstützt durch einen Mitarbeiter und – natürlich – die Familie. Reusen, Netze, Aalschnüre und ein sechs

Meter langes Boot vom Typ „Maräne" sind ihre Werkzeuge, ein Außenborder und die Leidenschaft ihr Antrieb. Sabine Reimer-Meißner holt den Fang nicht nur aus dem Wasser, sie schlachtet und filetiert, räuchert und mariniert und bringt die Delikatessen mit ihrem Verkaufswagen auch unters Volk der Fischgenießer. „Ein Halbtagsjob", wie sie lachend sagt, „wenigstens zwölf Stunden täglich. Aber so ist das Fischerdasein nun mal. Und es ist genau das Leben, das ich führen will."

Fisch in seiner ganzen Vielfalt kommt im Hause Reimer-Meißner selbstverständlich auch auf die Teller. Der ganz private Feinschmeckertipp der Chefin: „Knusprig gebratene Karauschen, heiß aus der Pfanne, und dazu Senfsoße und Kartoffeln oder auch nur ein frisches Butterbrot – das ist unschlagbar!"

Gold mit einer Prise Salz

Die Mecklenburgische Seenplatte ist das größte zusammenhängende Wasserrevier Mitteleuropas. Nicht umsonst wird die Region auch das „Land der tausend Seen" genannt. Norddeutschlands Eldorado für Angler, Fischer und Gourmets. Eine besondere Spezialität bieten die Müritz und der Tollensesee.

Es muss nicht immer Kaviar sein. Manchmal aber eben doch! Der weltberühmte russische schwarze Beluga kann heute kaum noch bezahlt, geschweige denn guten Gewissens gegessen werden. Zu massenhaft, oft illegal, ist die Jagd auf den Stör im Kaspischen und im Schwarzen Meer; akut gefährdet der Bestand dieser Fischart. Doch zum Genießerglück gibt es die einfallsreichen Müritzfischer! Und natürlich die kristallklaren Binnenseen Mecklenburg-Vorpommerns. Ist deren Wasser nicht nur tief genug und sauber, sondern auch noch nährstoffarm, dafür aber reich an Sauerstoff, dann fühlt sich die „Kleine Maräne" hier wohl. Es sind hohe Ansprüche, die diese Fischlein stellen; und tatsächlich eignen sich nur wenige Gewässer als Lebensraum für die silbrig glänzende Renkenart. Aber die Müritz und der Tollensesee gehören dazu. Hier leben die 20 bis 30 Zentimeter lang werdenden Maränen in großen Schwärmen. Weil ihr Fleisch zart, wohlschmeckend und grätenarm ist, gehören sie – gebraten, mariniert oder geräuchert – schon längst zu den Leckerbissen der Region und zu den bevorzugten Fängen in den Stellnetzen der hiesigen Binnenfischer.

Der Experimentierfreude von Fischerei-Ingenieur Ulrich Paetsch und seinen Kollegen von den Müritzfischern ist es zu verdanken, dass nun auch der Rogen der Süßwassertiere für den Verzehr genutzt wird. „Genau wie der Stör und alle anderen Fischarten laichen natürlich auch die Maränen. Jahrelang haben wir die Eier, die sich nicht zur Vermehrung geeignet haben, nicht nutzen können. Bis wir endlich auf die Idee kamen, dass man daraus ja auch Kaviar produzieren könnte."

Ein hervorragende Idee, wie sich alsbald herausstellte. Die funkelnden apricotfarbenen Perlen, die in den Fischbäuchen schlummern, avancierten mit ihrer feinkörnigen, bissfesten Konsistenz und ihrem nussigen Geschmack quasi aus dem Stand zu einer exklusiven Müritz-Spezialität; dank seiner delikaten Note und der attraktiven Optik findet das Spitzenprodukt Maränenkaviar heute eine vielseitige Verwendung in der gehobenen Gastronomie.

Zwei bis drei Wochen dauert die Laichzeit der Kleinen Maräne. Nur während dieser kurzen Periode kann der Kaviar gewonnen werden; und die liegt ausgerechnet zwischen Ende November und Anfang Dezember, wenn die Unbilden des Wetters es den Fischern nicht eben gemütlich machen auf ihren nächtlichen Fangfahrten. Nicht selten müssen die Männer bei eisigem Wind und Dauerregen hinaus auf den Tollensesee, um die „Coregonus albula" aus den Netzen zu holen.

Ist die Beute dann erst einmal an Land, müssen die Fische nach Geschlecht sortiert werden, denn schließlich wohnen nur den „Damen" die schimmernden Bläschen inne. „Die laichreifen Weibchen werden ausschließlich zur Vermehrung genutzt, lediglich der kleine Anteil an unreifem Laich wird für die Herstellung von Kaviar verwendet." In der Warener Fischmanufaktur entnehmen geübte Hände den Rogen,

waschen ihn und geben dem „Schatz aus dem Tollensesee" einen exakt bemessenen Salzanteil hinzu. „Drei Prozent", verrät Jens-Peter Schaffran, Geschäftsführer der Müritzfischer. „Das macht den Kaviar haltbar und so stimmt auch der Geschmack."

Welcher sich durch ein paar einfache Zutaten noch steigern lässt: Besonders lecker ist der Maränenkaviar entweder zu Ofenkartoffeln mit Crème fraîche, mit saurer Sahne auf Toast oder ganz klassisch mit Blinis, den kleinen russischen Buchweizenpfannkuchen. Weil diese exklusive Köstlichkeit zudem erschwinglich ist, greift der Gourmet gerne öfter zu. Um die Maränenbestände in der Mecklenburgischen Seenplatte auch bei steigender Nachfrage nicht zu gefährden und einen gleichmäßig hohen Fang zu gewährleisten, betätigen sich die Müritzfischer auch als Geburtshelfer: Zehn bis zwanzig Millionen Fischeier werden in jedem Jahr künstlich befruchtet. In der Fischaufzuchtanlage hegt man die Brut so lange, bis die frisch geschlüpften Maränen in die Seen gesetzt werden können. Das garantiert der Region eine nachhaltige Fischwirtschaft und sichert den Feinschmeckern die kontinuierliche Ernte des delikaten Müritzgoldes.

Aus der Tiefe des Raumes

Wenn die Rothirsche im herbstlichen Wald die Stille des anbrechenden Morgens mit ihrem Röhren vertreiben, wenn Seeadler ihre Kreise in den hohen Himmel zeichnen und wenn Wildschweinrotten lautstark durch das Unterholz brechen, ist Natur pur zu erleben. Tief sind die Wälder Mecklenburg-Vorpommerns. Wer in den Schatten der hohen, schlanken Buchen, der knorrigen Eichen und immergrünen Tannen und Kiefern eintritt, begegnet Pflanzen, Vögeln und Wild in sonst kaum mehr erfahrbarer Vielfalt.

Die tiefen Wälder und weiten, offenen Landschaften in Mecklenburg-Vorpommern bieten dem Wild einen idealen Lebensraum wie hier bei Karnin westlich von Stralsund.

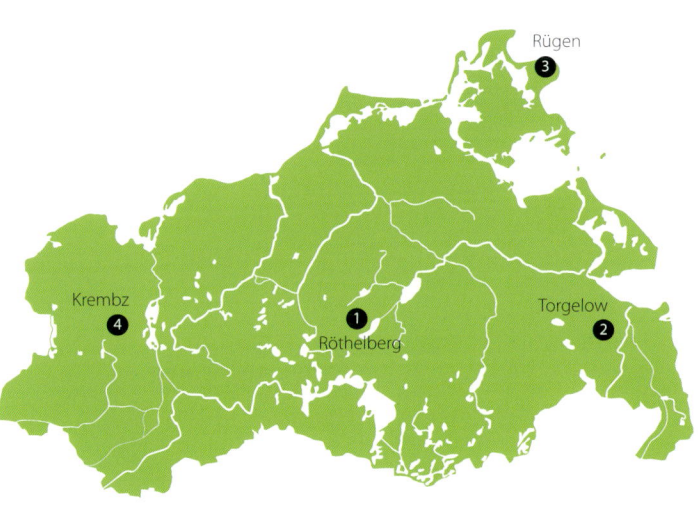

Vom Schützen und Nutzen

Es gibt viel Wald in Mecklenburg-Vorpommern. Ein kleiner, aber guter Teil davon erstreckt sich rund um das Gut Klepelshagen in der Uckermark. Dort liegt das „Wildtierland", ein einmaliges Naturschutzprojekt. Und dort ist auch die „Gourmet Manufaktur" beheimatet, die einzigartige Fleischspezialitäten bietet.

Ein Hektar sind 10.000 Quadratmeter. Das ist viel. Rund 500.000 Hektar umfasst die Waldfläche in Mecklenburg-Vorpommern. Damit sind etwa 23 Prozent der Landesfläche von Wald bedeckt. Beeindruckende Wälder: Hohe Tannen und Kiefern, knorrige, dicke Eichen und vor allem die schlanken, glattrindigen Buchen geben den Ton an, wenn sich der Wind in ihren Wipfeln wiegt. Es sind Wälder voller Leben – Rehe, Rot- und Schwarzwild suchen Schutz und Nahrung im Schatten der Bäume, Fuchs und Marder gehen auf die Pirsch, Hasen, Kaninchen und Mäuse werden gejagt, große Greifvögel und kleine Singvögel bevölkern den Himmel, und wenn man noch näher hinsieht und sich bückt, wimmeln der Waldboden mit dem zerfallenden Totholz, Wiesen, Moore, Seen und Sölle von den unterschiedlichsten Insekten und Amphibien, die der großen Pyramide des Lebens die Basis geben.

Ein Teil des Waldes mit seinen Hallen aus hochaufstrebenden Bäumen, mit stillen, samtigen Lichtungen und tiefen, verwunschenen Söllen liegt rund um das Gut Klepelshagen in der Uckermark. „Ganz weit weg von allem", räumt Gutsherr Haymo G. Rethwisch ein. Vor allem einer wie er, der einen Großteil seines jetzt 71-jährigen Lebens als erfolgreicher Unternehmer in der Millionenstadt Hamburg verbracht hat, spürt

die Ruhe und Einsamkeit hier weit im Osten Mecklenburg-Vorpommerns. Und er genießt sie, genießt dieses Leben am Rande des großen Waldes! Schließlich hat er diesen Ort ja gesucht und gefunden.

Vielleicht hat er ihn aber schon lange in sich getragen. „Ich habe die Natur immer geliebt", betont er und erinnert sich an die Zeit, die er während des Krieges als Junge auf einem Bauernhof bei Warnow verbracht hat. Und er hat die Natur immer genutzt. Der Großvater war Jäger, der Vater war Jäger und Haymo Rethwisch war Jäger. Ein treffsicherer Schütze, der es beim Tontaubenschießen sogar bis in die Nationalmannschaft schaffte. „Leben und Tod waren bei uns zu Hause Selbstverständlichkeiten", erinnert er sich. Und weist bis heute Kritik an der Jagd zurück: „Dann dürften wir kein Fleisch mehr essen. Oder sollen wir die Tiere vergiften?" Doch irgendwann ist die Leidenschaft, Wild zu jagen, in ihm erloschen. Und der Leidenschaft gewichen, Wild zu schützen. Der geliebten Natur etwas zurückzugeben. „Seit ich nicht mehr jage, spüre ich eine neue Freiheit im Kopf", sagt er heute.

In den Brohmer Bergen fanden Haymo G. Rethwisch und seine Frau Alice 1995 schließlich Gut Klepelshagen. 2.000 Hektar Land mit Guts- haus, Feldern, Weiden und Wald. Hier schuf der Gründer der Deutschen

Im Tal der Hirsche lebt das Wild frei von Jagddruck. Von den Erlebniskanzeln aus lassen sich mit etwas Glück bis zu 90 Rothirsche auf einmal beobachten.

Wildtier Stiftung, die ihren Sitz in Hamburg hat, das Naturschutzprojekt Wildtierland. „Ich wusste gleich, wie es einmal aussehen sollte", erinnert sich Rethwisch an die erste Zeit, als es zunächst darum ging, die zerfallenen Gebäude auf- und sich hier einzurichten. „Ich wollte ein Land ohne Zäune für wilde Tiere. Ich wollte Wildtierland." Mit der Organisationskraft und dem Durchsetzungsvermögen des Unternehmers setzte Rethwisch seine Visionen in Realität um – und mit dem Geld aus dem Verkauf des elterlichen Unternehmens. „Wildtierland" ist ein einmaliges Projekt, in dessen Mittelpunkt wildtierfreundliche, ökologische Landnutzung und das Erleben von Wildtieren stehen. Im Informationszentrum, der „Botschaft der Wildtiere", blinken die Standorte der

Aussichtsplattformen und Beobachtungspavillons auf dem großen Landschaftsmodell per Knopfdruck auf, und die computergesteuerte Webcam draußen auf der Wiese überträgt live das Bild einer Hirschkuh. Der Naturschützer Rethwisch will den Menschen und besonders den Kindern, also einer Generation, die Fleisch oft nur noch als Burger und Fisch als Stäbchen kennt, Natur erlebbar machen. Etwa im „Tal der Hirsche". Dort findet der Rothirsch, der vermeintliche König der Wälder, im Offenland Äsung und Ruhe. Denn in diesem Bereich der Gutsflächen wird das ganze Jahr über nicht gejagt. Rethwisch will den Menschen aber zugleich die Schönheit der Natur nahebringen. „Ich habe einmal eine Kindergruppe gefragt, wozu wir Wildtiere brauchen", erzählt er. „Am

besten hat mir die Antwort eines kleinen Jungen gefallen, der sagte: ‚Weil sie so schön sind'."

Haymo G. Rethwisch ist jedoch alles andere als ein verträumter Idealist. Ihm ist klar, dass der beste Schutz für die Natur und ihre Schätze ihre Nutzung ist. Selbstverständlich wird in den Wäldern rund um das Gut Klepelshagen daher gejagt. Sonst würden sich gerade Rotwild und Rehwild, die ja keine natürlichen Feinde mehr haben, so stark vermehren, dass sie den Wald zerstören. Und selbstverständlich verwertet Rethwisch das Fleisch des Wildes. Wie auch das Fleisch seiner Öko-Rinder, die auf den chemiefreien Weiden grasen, und der prallen, putzmunteren gefleckten Schweine. Auch die enden in der gutseigenen Schlachterei – allerdings ohne vorher in nur sechs Monaten durch Wachstumshormone und andere Turbostoffe zum Schlachtgewicht gemästet worden zu sein. Auf Gut Klepelshagen haben die Schweine ein Jahr lang Zeit. Ein Jahr mit bestem Öko-Futter von den Feldern und Wiesen des Gutes.

Und wird auch einmal ein Ferkel geschlachtet? „Ja", sagt Rethwisch, „wenn jemand ein Spanferkel möchte. Wie ich zum Beispiel." Aber ob Ferkel, Mastschwein oder Rind: Dem Vieh von Gut Klepelshagen bleibt die sonst übliche Qual erspart, mit meist roher Gewalt über schmale Planken in die Lastwagen getrieben und eng eingesperrt in den Schlachthof gekarrt zu werden. Hier, auf Gut Klepelshagen, führt sie ihr letzter Weg direkt von der vertrauten Weide in einen schnellen Tod. Was natürlich auch dem Geschmack des Fleisches zugute kommt, da die Tiere vor dem Schlachten keine Stresshormone ausschütten mit negativen Folgen für die Fleischqualität.

Haymo G. Rethwisch hat neben dem Schutz der Wildtiere eine zweite Leidenschaft. Er ist beim Essen und Trinken Connaisseur. Nicht umsonst sind seine Frau Alice und er begehrte Gastgeber, auch wenn Klepelshagen so weit weg von allem ist. Doch wer den Weg in die Uckermark scheut, kann sich die leckeren, tatsächlich handgemachten Spezia-

litäten des Gutes per Internet ins Haus bestellen. Unter dem Namen „Gourmet Manufaktur" verkauft Rethwisch die edlen Produkte, die aus dem Fleisch des Wildes, der Angusrinder und Galloways sowie der kunterbunten Schweine gewonnen werden. Pommersches Corned Beef, Gulasch vom Weide-Galloway, Rehterrine und Hirschschinken finden so immer häufiger ihren Weg bundesweit in die Küchen von Genießern.

Auf den ausgedehnten Weiden des Gutes haben die rund 200 Galloway- und Deutsch-Angus-Rinder viel Platz, weil die Flächen extensiv bewirtschaftet werden. In den ersten sieben bis acht Monaten wachsen die Kälber bei den Kühen auf. Dann wechseln sie in eine Jungtierherde, mit der sie auf den artenreichen Wiesen grasen. Nach etwa zweieinhalb Jahren sind sie schlachtreif. Die Klepelshagener Schweine sind eine Rasse für sich. Sie entstammen einer Kreuzung aus Sattelschwein, Schwäbisch-Hällische, Pietrain und Duroc und zeichnen sich durch ihre besondere Robustheit aus. Schweine und Ferkel leben in luftigen Stallungen und

kleinen Hütten an der frischen Luft und werden nur mit Getreideschrot sowie Klee und Luzerne aus der eigenen Bio-Landwirtschaft gefüttert. Weil sie keine Schnellmastmittel, Fisch- oder Tiermehl fressen, brauchen die Tiere ein Jahr, bis sie das Schlachtgewicht erreichen – mehr als doppelt so lang wie in der üblichen Masthaltung. Wenn man dieses Fleisch in der Pfanne und später auf dem Teller hat, sieht, riecht und schmeckt man, dass jeder dieser zusätzlichen Tage gut angelegte Zeit war.

„Ja", sagt Haymo G. Rethwisch auf die Frage, ob sich das alles gelohnt habe, ob er zufrieden sei mit dem, was er hier in der Uckermark geschaffen habe. „Ja", sagt er ohne zu zögern. Und lässt sich die Frage dann noch einmal durch den Kopf gehen. An der Vermarktung müsse er wohl noch feilen, meint er dann. Und denkt an seine Gutshof-Spezialitäten. Schließlich dient der Erlös der „Gourmet Manufaktur" dem Wildtierland-Projekt und damit dem Schutz von Wildtieren. So schließt sich der Kreis aus Naturnutzung und Naturschutz.

Fleisch mit Fitnessfaktor

Ob aus den Dobbertiner Wäldern, dem Schildfelder Forst oder anderen Revieren des Landes: Reh, Hirsch und Co. aus Mecklenburg-Vorpommern sind eine Delikatesse. Die Lebensweise des Wildes bringt es mit sich, dass sein Fleisch zu den gesunden Lebensmitteln zählt. Bei ständiger Bewegung in der freien Natur setzen die Tiere kaum Fett an. Und ihre abwechslungsreichen Mahlzeiten aus Kräutern, Knospen und Früchten verwandeln Reh und Hirsch in vitamin- und mineralstoffreiche Muskelmasse. Wildbret ist arm an Cholesterin, dafür reich an Eiweißen. Eine Ausschüttung von Stresshormonen infolge von Massentierhaltung oder langen Transportfahrten ist den Bewohnern unserer heimischen Wälder fremd und kann deren Fleisch nicht nachteilig beeinflussen.

Drei bis vier Tage sollte das erlegte Wild in der Kühlkammer abhängen. In diesem Zeitraum wird das Glykogen, die muskeleigene Energiereserve, abgebaut und in Milchsäure umgewandelt. Dieser Prozess der Reifung lässt das Fleisch zart werden.

Vor lauter Bäumen

Trotz der vielen Bäume sind sie nicht zu übersehen: die Wälder Mecklenburg-Vorpommerns. Entlang den Ostseeküsten und im Binnenland nehmen sie mehr als ein Fünftel der Gesamtfläche des Bundeslandes ein. Die staatlichen Forstämter kümmern sich um Wohl und Wehe des Waldes. Und ums Wild.

In Sonnenlicht getaucht, von Nebelschwaden umhüllt oder schneebedeckt, ob belaubt oder „benadelt" – mehr als 500.000 Hektar Waldfläche gehören zum Naturreichtum des Bundeslandes und prägen ganz wesentlich das Bild im deutschen Nordosten.

Aber nicht nur der Anblick ziert; das Ökosystem Wald übernimmt auch vielfältige Funktionen: Wälder mindern Temperaturschwankungen, verhindern Bodenabtrag durch Erosion, leisten einen erheblichen Beitrag zu einem ausgeglichenen Wasserhaushalt und geben zudem einen hervorragenden Luftfilter ab; für Flora und Fauna sind sie unverzichtbare Lebensgrundlage; als Lieferant des nachwachsenden Rohstoffes Holz hat der Wald einen hohen Nutzwert, und nicht zuletzt bietet er dem Menschen Erholung, Ruhe und Entspannung. Um diese Funktionsfähigkeit des Waldes nachhaltig zu gewährleisten, sind zwischen Schönberg und Rothemühl, Abtshagen und Mirow die Mitarbeiter von insgesamt 29 Forstämtern des Landes Mecklenburg-Vorpommern im Einsatz – mit jeweils unterschiedlichen Schwerpunkten.

Von allen Forstämtern sind es wohl die Standorte Torgelow, im äußersten Osten des Landes, und Schildfeld, das am Mecklenburgischen

Elbetal liegt, die unter Feinschmeckern das größte Interesse hervor-
rufen. Denn hier kümmert man sich nicht nur um Baum und Borke,
sondern auch um den kulinarischen Nutzen des Waldes. Zu dem tragen – neben Pilzen und Waldbeeren – vor allem anderen die reichen
Wildbestände bei.

In forstamtseigenen Betrieben wird das aus den heimischen Wäldern
stammende Wild zerlegt und als regionale Spezialität angeboten – entweder unbearbeitet portioniert oder schon zu köstlichem Schinken be-
ziehungsweise raffinierter Pastete zubereitet. „Wir können für all unsere Produkte beste Qualität garantieren, die weit über die gesetzlichen
Vorschriften hinausgeht", verspricht Jörg Stübe, Leiter des Forstamtes
Schildfeld. „Jedes erlegte Wild wird vom amtlich zugelassenen Tierarzt
gründlich untersucht und unterliegt zusätzlich einer ständigen eigenen
Qualitätskontrolle." Die um den Forsthof Schildfeld liegenden Wälder

sind ein beliebtes Refugium fürs Schalenwild. Die Populationen von Reh
und Wildschwein, Dam- und Rotwild sind so groß wie schon lange nicht
mehr. „Die Lebensbedingungen für Wildtiere waren noch nie so gut wie
zurzeit", erklärt Forstoberrat Stübe. „Durch die ganzjährig betriebene
moderne Landwirtschaft finden die Tiere jederzeit Nahrung. Der Hun-
ger als natürlicher Feind existiert nicht mehr." Zum Schutz des Waldes
gehen die Mitarbeiter der Forstämter und geschulte Jäger regelmäßig
auf die Pirsch. Dank des Wildreichtums in den landesweiten Forsten
haben nicht nur die Zerlegebetriebe in Torgelow und Schildfeld gut zu
tun, auch der Usedomer Wildmarkt im Forstamt Neu Pudagla kann mit
Spezialitäten reichlich bestückt werden.

Dem Gourmet soll's recht sein. Schließlich mundet das Wildbret
nicht nur als weihnachtlicher Festtagsbraten, sondern auch zum som-
merlichen Grillvergnügen.

Von Natur aus

Wer nach Mecklenburg-Vorpommern kommt, findet Landschaften, die in ihrer natürlichen Schönheit faszinieren. Sie öffnen das Fenster in ihre Geschichte gerade weit genug, um zu verführen, neugierig zu machen auf mehr. Mehr Natur, mehr Schönheit, mehr Genuss. Und schon hat man eine neue Liebe gefunden – oft fürs Leben.

Trockene Hügel, feuchte Senken: In der Gemarkung Kritzow, hier das Glasermoor, boten sich schon den Menschen der Urzeit beste Siedlungsmöglichkeiten.

Es gibt Landschaften, es gibt Länder, die den Besucher sofort in ihren Bann ziehen. Sie öffnen sich auf ganz besondere Weise den Sinnen. Sie haben ihr eigenes Licht, ihren eigenen Duft, ihr eigenes Terrain, ihren eigenen Geschmack, kurz: Sie sind ein Genuss. Wer solche Landschaften findet, wer sie erfährt und sich in ihnen ergeht, wird leicht ein „Opfer" ihrer Faszination. Mecklenburg-Vorpommern zum Beispiel ist in diesem Sinne ein Land mit Suchtfaktor. Diese Sucht rührt von seiner geschwungenen Weite her. Von der so vielgestaltigen Küste mit den Inseln und Bodden über das grüne, leicht gewellte Hügelland, in das hunderte Seen wie Perlen eingeschlossen sind, bis zu den Flussauen und Mooren und weit hinein in die tiefen Wälder – Landschaften zum Entdecken, zum Verweilen, zum Schmecken, zum Genießen.

Es sind in weiten Bereichen naturbelassene Landschaften, die Mecklenburg-Vorpommern auszeichnen, entstanden während und nach der Weichseleiszeit. Das ist noch nicht lange her, denn an den großzügig geschätzten vier Milliarden Jahren der Erdgeschichte gemessen, ist Mecklenburg-Vorpommern sehr, sehr jung. Etwa vor 29.000 Jahren begann die Weichselkaltzeit die Region zu prägen. Rund 13.000 Jahre lang blieb das Land unter dem Eis begraben. Dessen enorme Masse machte, so eine gängige Theorie, die Gletscher „instabil" und ließ sie auf dem Dauerfrostboden gleitend „auslaufen". Folgen waren „Stauchendmoränen", die sich heute über das Land erheben. Andere Hügelketten sind durch Schmelzwässer ausgewaschene „Satzendmoränen" mit einem hohen Kies- und Steinanteil. Die Bergbaubehörde nennt das heute prosaisch „Bodenschätze" – und hat damit mehrfach Recht. Für das Auge sind die Unterschiede oft kaum wahrnehmbar. Die Urstromtäler zwischen Elbe und Oder, von Peene, Recknitz und Warnow, in denen das Schmelzwasser sich zum Meer bewegte, kerbten das Land. Als Sportbootparadiese sind die zu mäandernden Flüssen geschrumpften Ströme bei Aktivurlaubern besonders beliebt. Die Ostsee bildete in

Kliff, Abbruchkante oder Steilküste – die Bezeichnungen für das Resultat stürmischer See an der Ostseeküste sind unterschiedlich. Gleich bleibt dagegen das menschliche Empfinden für die Kraft der Natur bei der Berührung zwischen Wasser und Land.

Jahrtausenden mit den Steilküsten eine scharfkantige nördliche Grenze. Hier waren Landschaften entstanden, die mit ihren Schwingungen und ihrer Weite bis heute Genuss für Augen und Seele bieten.

Menschliche Eingriffe haben dieser 10.000-jährigen Landschaft einige kleine neue Falten ins Antlitz gezogen. Erst waren es Hügelgräber, Knüppeldämme und Burgwälle. Heute sind es Kanäle, Schienen und Straßen. Doch auch die Natur ruht nicht und feilt am Erscheinungsbild. Spektakuläre Abbrüche an steilen Kliffküsten oder der Uferabtrag bei Sturm an der Ostsee stehen Orten gegenüber, an denen das Land wächst. Die Insel Hiddensee hat in den vergangenen 100 Jahren den Neuen

Bessin dazugewonnen. Sand, der an der Westseite von Darß, Zingst und Hiddensee durch die Strömung abgetragen wurde, lagert sich im „Wasserschatten" östlich wieder ab. Ein Ende dieser Bewegung ist nicht abzusehen. Im Binnenland tut der Wind sein landschaftsveränderndes Werk – sichtbar zum Beispiel an den Wanderdünen im Mecklenburgischen Elbetal. Bis zu 30 Meter hoch ist der feine Sand am nordöstlichen Rand des eiszeitlichen Urstromtals aufgeweht.

Die älteste Landschaft ist im Südwesten Mecklenburgs etwa zwischen Parchim und der Elbe zu finden. Auf dem Weg des Schmelzwassers entstanden durch die Ablagerung von Sand die „Griese Gegend" zwischen

Dünen im Binnenland – eine Laune der Natur ließ dieses Ergebnis der Vereinigung von Westwind und losem Sand in der Elbtalaue bei Dömitz wachsen.

Ludwigslust und Dömitz, aber auch Nieder- und Hochmoore. Das mehrfache Vorrücken und Abtauen der Gletscher schuf aus „Toteis" die Mecklenburgische Seenplatte und andere Seengebiete. Runde Sölle (meist kleiner als ein Hektar) und Kesselmoore gehen auf geschmolzenes Resteis und tief in den Boden reichende Eisspitzen zurück.

Heute sind Sölle oft renaturiert und liebevoll gepflegte Biotope. Noch im 19. Jahrhundert hielt man sie allerdings für Vulkankrater, aus denen die „Feldsteine" auf unerklärliche Weise auf die Felder gelangten. Als Straßenpflaster erhielten sie eine neue, landschaftstypische Funktion. Der Schriftsteller Franz Fühmann sah die Sölle auf poetische Art: „Zwischen Röhricht und Weiden und Erlbusch lagen vier Seelein, vier ganz runde Seelein, vier Tröpfchen Silber im tiefen Grün." Heinrich Schliemann, wohl einer der berühmtesten Söhne des Landes, wurde in Ankers-

hagen, dem Dorf seiner Kindheit, von einem Soll zu seinen späteren Ausgrabungen inspiriert: „Dicht hinter unserm Garten befand sich ein kleiner Teich, das sogenannte ‚Silberschälchen', dem um Mitternacht eine gespenstische Jungfrau, die eine silberne Schale trug, entsteigen sollte."

Hauptergebnis der Eiszeiten aber blieb die „Innere Baltische Hauptendmoräne" im „Pommerschen Stadium", die westlich von Wismar bis nach Waren und Woldegk verläuft. Sie bildet die Wasserscheide zwischen Nordsee und Ostsee. Der letzte Eisschub schuf die Hügel in einem nordöstlichen Verlauf auf der Insel Rügen. Ohne sie gäbe es keine Kreidefelsen. Die Ostsee selbst ist noch jünger. Sie entstand aus den abfließenden Gewässern der Eismassen. Vor etwa 10.000 Jahren entstand durch eine Bodensenkung die Verbindung zum Weltmeer. Noch einmal hob sich das Land und schuf wieder einen Süßwassersee. Erst das weiter schmelzende Eis ließ die steigenden Wassermassen den Damm zwischen Dänemark und dem skandinavischen „Löwen" brechen. Das nun wieder salzige Litorina-Meer kam erst vor 4.500 Jahren richtig zum Stillstand. Damit war die mecklenburg-vorpommersche Landschaft endgültig geprägt.

Mecklenburg-Vorpommern mit Meer, Seen und Wald in Verbindung zu bringen fällt nicht schwer, und es hat sich in den vergangenen Jahren über Deutschlands Grenzen hinaus herumgesprochen, dass hier wunderbare Urlaubsziele warten. Weniger bekannt ist da schon der Inselreichtum, der sich besonders vor der pommerschen Küste mit der aus-

Ob sumpfige Niederung oder Hochmoor – diese aus dem Restwasser der Eiszeit entstandenen Naturräume sind der Stoff, aus dem die Sagen sind von Irrlichtern, Geistern ermordeter Jungfrauen oder in Werwölfe verwandelten Bösewichtern sowie von versunkenen Schätzen.

geprägten Boddenlandschaft findet. Rügen, Hiddensee und Usedom sind längst erträumte Ferienorte. 1.943 Kilometer Ostseeküste mit zehn Inseln, die je über einen Quadratkilometer groß sind, liegen heute zu zwei Dritteln in Vorpommern. Dass es aber über 100 Inseln sind, sollte vielleicht unentdeckt bleiben, meinen Naturschützer, denn etliche

von ihnen dürfen als Vogelreservat oder anderes Biotop nicht betreten werden.

Die Hügel im Binnenland erreichen Höhen bis 179 Meter. Und wenn trotz des milden Meeresklimas hier im Winter der Schnee einmal längere Zeit liegenbleibt und die Seen zufrieren, holen die Menschen

Schlittschuhe, Skier und Schlitten aus den Kellern. Die Müritz, einer von hunderten Binnenseen mit glasklarem Wasser, ist mit einer Fläche von 110 Quadratkilometern der größte Süßwassersee auf deutschem Boden.

Nach der Eiszeit folgte in Mitteleuropa eine schnelle Erwärmung. Kiefern und Birken waren die ersten Baumarten, die das Land eroberten. Es folgten Hasel, Linde und Eiche. Am Ende der Bewaldung stand die Rotbuche. Sie wäre ohne menschlichen Einfluss heute der dominierende Baum, wie man es in den „Heiligen Hallen" bei Lüttenhagen nördlich von Feldberg beobachten kann. Diese „Hallen" im „Müritz-Nationalpark" sind der älteste Buchenwald Deutschlands. Um 1850 verfügte Großherzog Georg von Mecklenburg-Strelitz ihren Erhalt – fasziniert von der Schönheit der hochaufstrebenden Bäume und natürlich auch wegen des jagdbaren Wildes.

Das heutige Mecklenburg-Vorpommern bot seinen Bewohnern immer schon viel Landschaft. Es ist bis heute das am dünnsten besiedelte deutsche Bundesland. Nicht einmal zwei Millionen Menschen bevölkern die 24.000 Quadratkilometer Landesfläche. Nur Rostock ist schon seit 1936 Großstadt. Neun weitere Orte haben mittelstädtischen Charakter. Alle anderen Kommunen sind Kleinstädte und Dörfer unter 20.000 Einwohnern.

Woher kamen die Menschen in dieses Land? Erste Spuren von Jägern und Sammlern sind vor etwa 12.000 Jahren nachgewiesen. Menschen aus der Steinzeit, der Bronzezeit und später Germanen überlieferten mit Hünen- und Hügelgräbern erste Architektur- und landschaftsgestaltende Erinnerungen. Was mit diesen Menschen geschah und wo sie blieben, als sich vor etwa 1.500 Jahren slawische Stämme ansiedelten, ist noch nicht ganz klar. Stammesfürstentümer entstanden, die ihre Macht im Umfeld von Burgwallanlagen konzentrierten.

Die Kolonisation des Landes durch deutsche Siedler und die Christianisierung der Slawen erfolgte seit dem 9. Jahrhundert. Von Westen kamen Flamen, Westfalen und Rheinländer. Von Norden Dänen. Etwa zwei Jahrhunderte schwankten die Fronten erheblich, und friedlich verlief die „Kulturmission" keinesfalls. Im 12. Jahrhundert gingen die Slawenfürsten auf Kompromissangebote ein. Pribislaw, der Obotrit, unterwarf sich im Westen dem Sachsenkönig Heinrich dem Löwen, und Jaromar, der Rane, dem Dänenkönig Waldemar im Osten. Rudimente slawischer Kultur sind als Ortsnamen noch lesbar oder werden in Museen verwahrt.

Einwanderer kamen nun als Handwerker, Kaufleute, Bauern und Geistliche. Sie gründeten Städte, Dörfer und Klöster zunächst neben den slawischen Siedlungen. Bischofssitze in Ratzeburg, Lübeck, Kammin und Schwerin sollten die Macht der Kirche festigen. Die Dänen drangen nach Rügen und bis auf das küstennahe Festland vor. Die Flüsse Recknitz und Trebel bildeten die natürliche Grenze zwischen Mecklenburg und Pommern. Flächendeckend setzten sich die Christen erst im 13. Jahrhundert durch. Einwanderer und Slawen begannen sich zu vermischen. Sie bildeten die Neustämme der Mecklenburger und Pommern und damit die Summe der Charaktere.

Einige Jahrtausende dienen die Landschaften des heutigen Mecklenburg-Vorpommern jetzt schon dem Menschen. Wälder, Seen, Buchten,

Lange versuchten Bauern die Sölle, die Reste getauter Eisbrocken, zuzuschütten, um ungehindert ihre Furchen ziehen zu können. Immer wieder versank das aufgeschüttete Material in den schier unendlichen Tiefen des moorigen Grundes. Heute sind die noch vorhandenen Sölle geschützte Biotope.

Inseln, Hügel und Flüsse boten Nahrung mit Wild und Fisch und Ernährung durch Ackerbau und Viehzucht. Auch gewährten sie Schutz vor Feinden. Ihre Schönheit, die heute so viele Besucher anzieht, dass der Tourismus zum bedeutenden Wirtschaftszweig im Land geworden ist, blieb lange unbeachtet. Erst die Romantiker wie der Greifswalder Maler Caspar David Friedrich entdeckten im 19. Jahrhundert auch den optischen Reiz der so unterschiedlichen Landschaften. Konstant ist die Ostsee bis heute ein wichtiger Handelsweg nach Skandinavien geblieben.

Was Maler in Bildern festhielten, kleideten Dichter in Worte. Fritz Reuter hat das Thema der Schönheit seiner Heimat vor 150 Jahren in seiner „Urgeschicht von Meckelnborg" auf seine Weise interpretiert: „As uns' Herrgott de Welt erschaffen ded, fung he bi Meckelnborg an, un tworsten von de Ostseesid her", meinte er. „Up dese Ort is uns' Meckelnborg worden, un schön is't in'n Ganzen worden, dat weit jeder, de dorin buren is un tagen; un wenn en frömd Minsch 'rinne kamen deiht, un hei hett Ogen tau seihn, denn kann hei seihn, dat unsern Herrgott sin Hand up Wisch und Wald, up Barg un See sülwst rauht hett un dat hei Meckelnborg mit in't Og fat't hett, as hei sach, dat allens gaud was."

Und Ernst Moritz Arndt, der Lyriker der Freiheitskriege gegen die französische Besetzung des Landes unter Napoleon, schwärmte 1842 von seiner Heimatinsel Rügen: „O Land der dunklen Haine, / O Glanz der blauen See, / O Eiland, das ich meine, / Wie tuts nach dir mir weh!"

Landwirtschaft und maritim orientierte Gewerbe bestimmten den Kulturausbau der Landschaften in der norddeutschen Randlage. Meck-lenburg-Vorpommerns Landwirte und Fischer sind bis heute die Gestalter und Hüter dieser Kulturräume. Sie bewirtschaften und pflegen fast zwei Drittel der Landesfläche, und immer mehr von ihnen setzen auf die nachhaltige Bewirtschaftung von Land und Wasser. Es ist, als verführten die Landschaften mit ihrer Weite und Reinheit den Bewohner dazu, sie möglichst zu erhalten.

Wolf Karge (Schwerin), Jahrgang 1951, aufgewachsen in Heiligendamm und Schulbesuch in Bad Doberan. Studium Archivwesen in Potsdam und Geschichte an der Humboldt-Universität zu Berlin. Tätig im Staatsarchiv Schwerin 1972–1978, bis 1991 am Kulturhistorischen Museum Rostock. 1986 Promotion an der Rostocker Universität, 1997–2007 Geschäftsführer im Technischen Landesmuseum Mecklenburg-Vorpommern in Schwerin/Wismar. Vorsitzender des Museumsverbandes in Mecklenburg-Vorpommern seit Gründung 1990 bis 2008 und seitdem Ehrenvorsitzender. Autor zahlreicher Monografien und Aufsätze zur Landesgeschichte und Tätigkeit für Verlage, Hörfunk, Printmedien und Fernsehen. Seit 2007 freier Publizist und Berater zu Museumsfragen.

Bildnachweis

Cover **Streuobstwiese, Gut Boltenhagen, Süderholz** © Thorsten Futh/laif
Rücktitel **Weizenfeld bei Leezen** © Jörn Lehmann

Die Autoren

Thomas Immisch

Autor und Journalist; nach dem „Welterfolg aus Mecklenburg-Vorpommern", dem Strandkorb, jetzt die Entdeckertour auf der Suche nach dem besonderen Genuss.

Christian Langer

Autor und Journalist; die Liebe zum Land Mecklenburg-Vorpommern geht auch durch den Magen, mit allen Sinnen ist er sich gewiss: MV tut gut!

Angela Andresen-Schneehage

Journalistin und Ein-Viertel-Mecklenburgerin (dank Oma Else aus Lützow!); der Blick der studierten Architektin gilt immer auch der besonderen Ästhetik von Landschaft.

Mecklenburg-Vorpommern

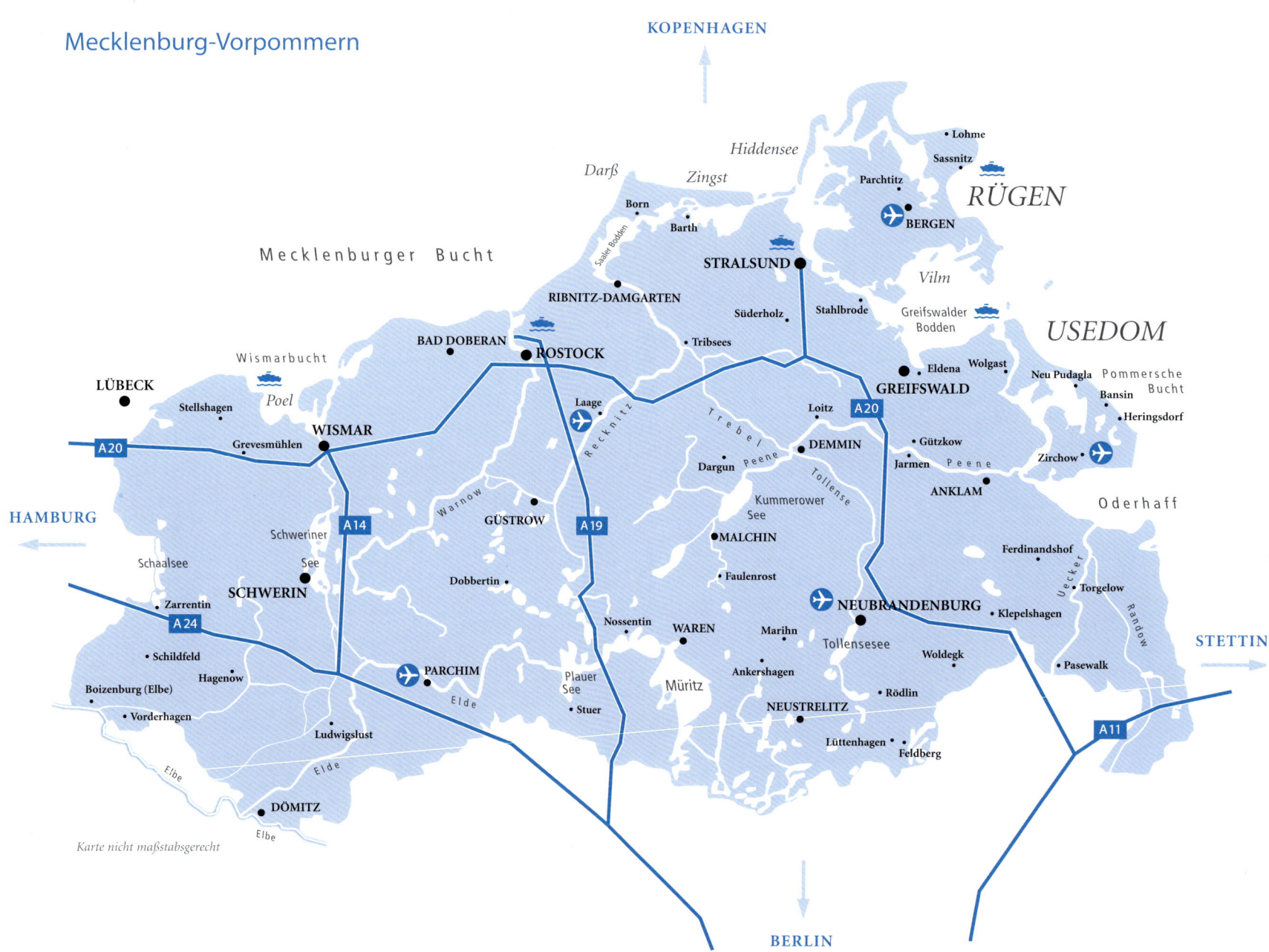

KOPENHAGEN

Hiddensee

Darß   *Zingst*

• Lohme
Sassnitz
Parchtitz   **RÜGEN**

Born   BERGEN

Mecklenburger   Bucht
Barth

Vilm

STRALSUND

RIBNITZ-DAMGARTEN   *USEDOM*

Süderholz   Stahlbrode   Greifswalder
Bodden

LÜBECK   BAD DOBERAN   **ROSTOCK**   • Tribsees

Wismarbucht   Eldena   Wolgast   Neu Pudagla   Pommersche
Bucht
Poel   Loitz   **GREIFSWALD**   Bansin

Stellshagen   Laage   Heringsdorf

WISMAR   A20

Grevesmühlen   *Recknitz*   Gützkow

Zirchow

Trebel   DEMMIN   Jarmen

Dargun   *Peene*   *Peene*

A14   *Warnow*   A19   *Tollense*   ANKLAM   Oderhaff

Schweriner   GÜSTROW   Kummerower
See
HAMBURG   *See*   **MALCHIN**

Schaalsee   Dobbertin   Faulenrost   Ferdinandshof

SCHWERIN   Marihn   **NEUBRANDENBURG**   Torgelow

Zarrentin   Nossentin   WAREN   Klepelshagen

A24   Ankershagen   Woldegk   Pasewalk
Schildfeld
Boizenburg (Elbe)   Hagenow   **PARCHIM**   *Plauer*   Rödlin   **STETTIN**
See   *Müritz*
• Vorderhagen   • Stuer   **NEUSTRELITZ**
Tollensesee
Ludwigslust   *Elde*   Lüttenhagen
Feldberg   A11

Elbe   *Elde*

DÖMITZ

Elbe

Karte nicht maßstabsgerecht

BERLIN

96